박사리의 핏빛 목소리

지은이 박 기 옥

홍 익 출 판 사

차 례

3부 부상자 가족의 증언

4부 이웃 사람 이야기

5부 추도의 글·관련 작품

▪ 책을 펴내면서 ▪

뒤로는 팔공산 능선이 병풍처럼 쳐져 있고, 남쪽엔 상스러운 무학舞鶴의 나래가 마을을 포근히 감싸 안았다. 산골치고는 제법 넉넉한 들판을 품었다. 그 마을이 내가 태어난 박사리이다. 갓바위가 거느린 골짜기에서 발원한 실개천이 모여 제법 큰 거랑을 이루었다. 소위 박사천이다. 내는 마을을 감고 돌아 금호강으로 흘러간다. 웬만한 가뭄에도 물줄기를 놓지 않고 들녘을 촉촉이 적신다. 1912년, 개화기에 교회를 세웠으니 일찍 신문명을 받아들인 마을이다. 그러한 마을이 하룻밤 사이에 폐허가 되었다. 해마다 음력 시월이 되면 박사리는 깊은 슬픔에 휩싸인다.

박사사건은 1949년 11월 29일(음, 10월 10일) 저녁에 일어났다. 내가 태어난 지 겨우 칠 개월이 지나서다. 밤하늘에 차오르는 상현달이 고샅과 초가지붕을 골고루 뿌려대고 있었다. 어둠이 짙게 깔릴 무렵, 온 마을에 괴기가 감돌았다. 총과 죽창, 긴 칼을 든 검은 그림자들이 골목을 점령했다. 그들은 중요한 연설을 한다며 사랑방에 놀고 있는 청·장년을 논 마당으로 끌고 나갔다.

어디서 총성이 들렸다. 그것을 신호로 마을 전체가 삽시간에 불바다가 되었다. 공비들은 집집이 습격했다. 도망칠 기미가 보이면 바로 몽둥이와 칼을 휘둘렀다. 같은 시간대에 학살의 현장에는 놈들의 무자비한 광란의 칼춤이 바람을 갈랐다. 잔인한 칼날에 꽃다운 젊은이들의 선혈이 낭자했다. 그들은 무고한 청·장년 38명을 죽이고 28명에게 큰 상처를 입혔으며, 초가 108채를 불태웠다. 마을은 아비규환이었다.

세월은 흘러 박사리는 평화를 되찾았다. 그날 그 자리에 있었던 사람들도 하나둘 세상을 떠났다. 많은 유족이 생계를 위해 고향을 등지고 객지로 나갔다. 67년의 세월이 흐르는 동안 사건의 상처도 시나브로 잊혀갔다. 나는 조상대대로 살아온 고향의 아픈 역사를 기록으로 남겨야겠다고 마음먹었다. 수많은 이야기 중에서 유독 '그날의 그 사건'을 선택한 것은 살아남은 자의 몫이라 생각했다. 누군가가 증언하고 기록하지 않으면 그날의 참상은 역사 속에 깊숙이 파묻혀 버릴 테니까.

막상 67년이 지난 일을 추적하려니 어려움이 많았다.

취재하는 과정에서 묻힌 사실이 하나씩 밝혀질 때마다 새로운 역사를 쓸 수 있음에 보람을 느꼈다. 전국에 흩어져 있는 사망자의 유족과 중상자 가족들을 직접 만나 그들의 이야기를 빠짐없이 들었다. 때로는 전화로, 때로는 편지로. 직접 피해를 당하지 않았지만, 같이 마음 아파한 이웃도 만났다. 울먹이며 진술하는 목소리를 들을 때마다 가슴이 먹먹했다. 특히 부상자 중, 생존자의 증언을 들을 때는 그도 울고 나도 울었다. 사망자 한두 명은 후손이 끊어져 아팠던 이야기를 듣지 못해 못내 아쉽다.

글을 쓰면서 실체적 진실을 객관적 잣대로 서술하고자 노력했지만, 문득문득 목울대를 치미는 감정을 다스리는데 애를 먹었다. 많은 자료를 수집하여 충실한 책을 만들고자 노력을 기울였다. 그러나 힘이 미치지 못해 아쉬움이 크다. 돌아가신 분은 말이 없다. 영령들이 겪은 찰나의 심정을 어찌 글로서 엮어낼 수 있겠는가? 그렇지만 질곡의 삶을 살아온 유족의 목소리만큼은 세상에 알리고 싶었다. 이것이 영령들과 부상자를 위한 나의 책무라 여겼기에. 그러던 차, 매일신문사에서 '제2회 매일시니어문학상' 전국 공모에 내가 집필한 '빅사리의 핏빛 목소리'가 논픽션 부문 최우수상 작품으로 선정되어 우리 마을 이야기가 세상에 널리 알려졌으니 무척 다행스럽다. 내가 쓴 글이 지난 역사를 반추하고 내일을 밝히는 자그마한 등불이 되었으면 좋겠다.

책 쓰기에 동기를 부여한 고고학자이자 향토사학자인 김약수 교수님, 함께 수고하신 윤성해 유족회장님께 감사를 드린다. 나의 물음에 친절하게 응해주신 유족과 주민에게 고마움을 전한다. 책에 빈틈이 많지만, 사명감을 가지고 최선을 다하고자 애썼다. 취재를 하면서 유족에게 여태 아무런 보상이 없다는 사실도 알았다. 영령들의 명예회복은 언제쯤 이루어질지…. 비명에 간 38위의 영령에게 삼가 이 책을 바친다.

2016년 10월

박사리에서 박 기 옥

작가의 시선

공비들의 작전은 치밀했다. 놈들은 학살의 현장을 크게 네 곳으로 잡았다. 그때의 인명人名과 지명地名이다. 박명한의 집 앞 논 마당, 정원덕이 운영한 정미소 마당, 개미각단 홰나무보, 부옥 한육만의 집 근처이다. 그들은 골목 단위로 장정들을 끌어모았다. 집집이 습격했을 때, 도망칠 기미가 보이면 현장에서 바로 농능이와 칼을 휘둘렀다.

사망 38명, 중상 28명, 초가 108채 소실, 불과 몇 시간 만에 벌어진 일이기에 참담하기 그지없었다. 사망자의 비명, 중상자의 신음, 유족의 통곡이 마을을 흔들었다. 덩달아 소·돼지·개·닭 울음소리까지. 불길에 휩싸여 우지직 우지직 집 무너지는 소리, 장독 터지는 소리가 정적을 갈랐다. 화마는 뱀의 혓바닥처럼 널름거리며 삽시간에 마을을 통째 삼켜버렸다. 부상자는 겨우 목숨은 건졌지만, 죽은 사람과 다를 바 없었다.

사건의 시대적 배경이다.

1945년 조국이 해방되고 6·25 전쟁을 전후로 사상과 이념의 대립은 혼돈의 사회를 불러왔다. 대구사건, 여·순 반란사건, 제주사건으로 나라는 조용한 날이 없었다. 여기에 개입한 남로당과 일부 동조 세력은 토벌군에 쫓겨 산으로 도망갔다. 그들은 지리산을 총 거점으로 덕유산·운문산·신불산 등 곳곳에서 진지를 구축하고 정부군과 투쟁해 나갔다. 전쟁이 터지면 후방을 교란하고 체제를 전복하려는 전술이었다. 팔공산 공비들도 지리산의 하부조직이다.

사건의 줄거리다.

팔공산에 나무하러 간 동강리 도달권이 양시골[1]兩城谷에서 공비의 소굴을 발견했다.

"어디에 사느냐? 신고하면 너와 너희 마을을 박살 내버리겠다." 공비들의 서슬 퍼런 위협에

"박사리에 삽니다"고 대답했다. 공비에게 풀려난 그는 바로 지서에 신고했다. 당국은 군경합동 작전을 펼쳐 공비 78명을 사살하고 7명을 생포했다. 잔당은 동료의 원수를 갚고자 운문산 공비들과 합세하여 우리 마을을 습격했다.

1) 팔공산 갓바위 동쪽 골짜기

소위 보복성 공격이었다. '사건이 전해지자 와촌·하양지서의 경찰과 영천 주둔군 병력이 출동하여 팔공산으로 추격전을 벌인 결과 공비 78명을 사살하고 7명을 생포했다[2]. 증언에 따르면 생포한 한 명을 유족과 주민이 보는 앞에서 공개 처형했다. 유족들의 원한을 풀어주려는 당국의 배려일 성싶다. 나무꾼이 엉겁결에 둘러댄 대답으로 말미암아 박사리가 엄청난 피해를 보리라고는 누구도 예상하지 못했을 것이다. 나무꾼 도달권은 왜 박사리에 산다고 대답했을까? 당사자는 세상을 떠나 사실관계를 확인할 수 없다. 영원히 풀리지 않은 숙제이다.

박사리는 팔공산 동녘, 갓바위 바로 아랫마을이다. 사건 이전에도 공비들이 자주 내려와 양식과 옷가지를 약탈하는 등 행패가 잦았다. 마을에는 의협심이 강한 청년을 중심으로 그들을 경계하며 반공정신을 키워나갔다. 공비들의 동태를 신고하는 무전기를 최중환의 집에 설치해두고 있었다. 가까운 신한리에 간이학교[3]가 있었고, 동사에는 청소년에게 한글을 가르치며 신문물을 일깨우고 있었다. 박사교회에서는 박용묵 목사가 주민을 계도하고 있었으니, 공비들의 눈에는 박사리가 눈엣가시 같은 존재였을 터다. 여기에 "박사리에 산다"는 나무꾼의 대답은 그들의 야만성

---

2) '매일신문' 1975년 6.25일자. 1997년 경산시지 p287
3) 대동초등학교 전신

에 불을 질렀으리라.

여러 사람의 증언을 토대로 새로운 사실들이 속속 드러났다. 놈들의 작전은 주도면밀했다. 시국 강연을 한다는 것을 빌미로 습격조 · 학살조 · 보초조 · 방화조를 짰다. 기운이 세고 포악한 사람을 습격 · 학살조로 편성하고 상대적으로 힘이 약한 사람을 방화 · 보초조로 편성했을 것이다. 공비들의 학살 방법은 잔학했다. 몽둥이로 먼저 뒤통수를 치고, 뒤이어 일본도로 목을 내리쳤다. 반항하면 무차별적으로 칼을 휘둘렀다. 시간에 쫓긴 공비들은 마지막엔 총을 사용했다. 총알을 최대한 아꼈을 터다. 부욱과 홰나무보[4]에서 학살당한 청·장년의 상당수는 총에 맞고 죽었다.

책을 쓰면서 자료를 수집하고자 애를 썼지만, 관련 기록물을 찾을 수가 없었다. 국가기록원에도 '해당 기록이 확인 안 됨'[5]이란 통보를 받았다. 아무리 혼돈의 시대였다고 하지만, 국가적으로 엄청난 역사적 사실이 기록으로 보존되지 않아 안타까움을 금할 수가 없다. 역사는 흘러가 버린 것이 아니라 현재를 조명하는 거울인 것을!

불행한 일은 공비들의 협박에 못 이겨 현지 주민 일부가 동참할 수밖에 없었던 불편한 진실 앞에 마음이 아팠다. 전국에 무장공비 사건이 많았다. 그러나 박사리 만큼

4) 골목 이름
5) 별첨 국가기록원 공한문 참조

잔인하지는 않았다. 공비들이 각처에서 일으킨 사건은 아성공격牙城攻擊형태로 관공서, 공무원, 지주계층을 지목했다. 여타 분쟁은 좌·우익 사상의 대립으로 빚어졌다면, 박사사건은 이념 다툼과는 거리가 멀다. 순수한 양민 학살 사건이다. 단지 보복적 차원에서 한 마을 청·장년을 몰살하고, 마을을 온통 불바다로 만든 것은 어떠한 이유로도 용서받을 수 없다.

1부

생존자의 절규

부상자도 거의 세상을 떠나고 2016년 현재, 두 명만 남았다.

등과 목에 칼을 맞은 박영생 옹은 쌀가게를 하는 며느리를 돕고 있고, 어깨가 움푹 패고 손목을 잃은 배재기 옹은 서동이 불편하여 칩거한다.

피 토하는 두 분의 목소리다.

* 불행하게도 박영생 옹이 2016년 6월 10일 유명을 달리했다. 다가오는 2016년 추모제에 임을 모셔놓고 생생한 목소리를 세상에 전하고 싶었는데…. 삼가 고인의 명복을 빈다.

칼을 맞고 평생 허리를 펴지 못했어

박영생 옹은 광복 후, 고산역 확장공사 때, 우리 아버지와 함께 노역에 참여했다. 눈병이 나서 고생할 때 아들처럼 보살펴 주었다며 늘 반갑게 맞아 준다. 옹의 일터인 경산 재래시장의 쌀집을 찾았다. 불편한 노구를 끌고 며느리를 도와주고 있었다.

"어르신 건강은 어떠하신지요? 그날의 일을 자세히 알고자 찾아왔습니다." 아들 또래인 고향 사람의 방문에 반갑게 맞아주며 지그시 눈을 감는다. 참혹했던 그날을 회상하는 모양이다.

"동생과 함께 가마니를 짜고 있었어. 하룻저녁에 두 장씩을 짜는 것이 목표였지. 두 번째 장을 짜기 위해 새끼를 가마니틀에 거는 순간, 놈들은 삽짝[6]을 밀어 재끼더니 바로 방문을 왈칵 열었어. 세 사람이었어.

"누구냐?"

"너도 팔공산에 나무하러 사꾸 냉기제!" 총부리를 가슴팍에 대고 정미소 마당으로 끌고 갔어. 그곳에는 벌써 열댓 명이 끌려 나와 무릎을 꿇고 있더군. 박태촌 어른 사랑

6) 사립문

방에서 많이 끌려 왔어. 그 사랑방에는 주로 머슴과 일꾼들이 모여 노는 방이었지. 놈들은 우리를 부채꼴로 꿇어앉히더군. 몇 놈이 뒤에서 보초를 서고.

"그들이 어떻게 하던가요?"

"한 사람씩 불러 세우더니 속 골목으로 끌고 가는 거야. 지금 생각하면 도망치지 못하도록 지형지물을 이용했을 것 같아. 이내, 억 억! 비명이 들렸어. 몽둥이로 머리를 치고, 단칼에 목을 베는 것이 놈들의 작전이었지. 한 사람을 처치하고 또 한 사람 처치하고…. 나는 대여섯 번째 불려갔어. 몽둥이로 다짜고짜 머리를 치더니 칼로 목덜미와 등을 벴어. 그대로 쓰러졌지. 뒤이어 딴사람이 끌려오고. 놈들은 내가 죽은 줄 알았던 모양이야. 공비들이 물러갔을 때는 모두가 죽은 뒤였어. 그들이 철수하고 정신을 차려보니 온몸이 피로 칠갑 되었어. 비틀거리며 태촌 어른 집을 통해 집으로 향했지. 담만 넘으면 우리 집이었으니까.

태촌 어른은 자기 아들은 이미 죽었다고 정신이 없더라고. 겨우 집에 도착했지만, 이미 우리 집은 불타고 있었지. 토담에 몸을 의지하여 불이 켜진 '매곡 어른' 집에 들어갔어. 한숨을 돌려 칼 맞은 등에 손을 댔더니 손바닥이 상처 속으로 쑤욱 들어가더라고. 무명베 적삼을 찢어 칼 맞은 목과 등을 묶은 채, 박사교회로 옮겨졌어. 교회는 오갈 데 없는 사망자와 부상자들의 집결지였지. 얼마의 시간이 흘렀는지 경찰이 달려오고, 도락구[7]로 후송됐어. 트럭에 옮겨질 때 허리와 목이 끊어지게 아프더라고. 도립병원에 입원할 때는 희붐한 새벽이었어. 넉 달 만에 퇴원했지만, 완쾌되지 않은 상태였어."

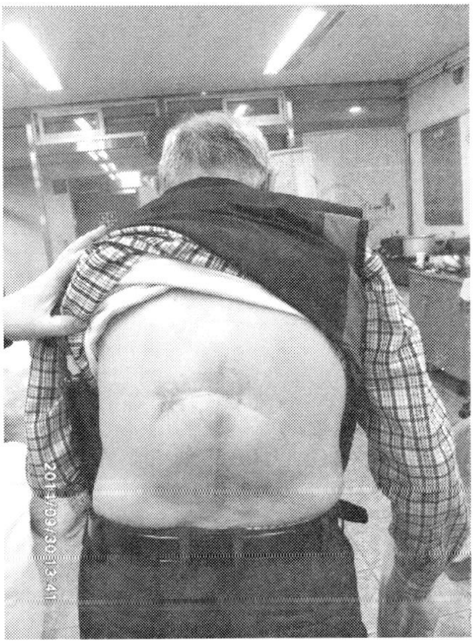

"어르신, 위로금을 받은 적은 있는지요?"

"뭐 위로금? 그런 건 전혀 없었어. 70년 가까운 세월이 흐른 지금까지. 당시 박사교회에 시무한 박영묵 목사가 이리저리 뛰어다니며 구호품을 받아 나누어 준 적은 있었지만."

"가장 잊히지 않는 일이 있다면요?"

"그날 밤, 죽었는지 살았는지 나를 찾아 골목길을 헤맸다는 어머니의 마음은 오죽했을까. 그때 일을 생각하니 아직 가슴이 아려."

"어르신, 성치 않은 몸으로 무척 고생하셨겠네요?"

7) 트럭

"말도 마래이. 찢어지게 가난하여 이곳저곳을 다니며 죽을 고생 했지. 남의 집 품팔이도 하고 안 해본 일이 없었어. 여러 곳을 방랑자처럼 떠돌다가 이곳에 정착했지. 어려울 때마다 하나님을 의지하고 살았어. 청년 시절, 마음의 안식처였던 '박사교회'를 잊을 수가 없어."

따뜻한 지난 봄날, 옹을 찾았을 때는 건강한 몸으로 나를 맞았다. 안타깝게도 지난 6월, 잠시 쉬고자 자택에 들렀다가 자는 잠에 영면했다. 교회장으로 고인의 영혼을 달랬다.

부상자 박영생. 당시 20세. 2016 현재 87세. 경산 재래시장

박사교회와 새벽송

마을 복판에는 교회가 있었다. 한겨울이면 처마에 닿을 만큼 눈이 소복이 내렸다. 소금을 지천으로 뿌린 듯, 마을은 온통 은백의 세상이다. 교회로 가는 마을 사람들의 뽀드득뽀드득 총총걸음이 눈길 위에 분주하다.

어릴 적에는 신앙이 무엇인지 모른 채 교회에 다녔다. 교회에는 사탕도 있고 공책·연필 등 선물이 있어 좋았다. 성탄 전야는 예수의 탄생을 축하하는 무대를 꾸민다. 유치부 어린이의 앙증맞은 인사를 시작으로 막을 연다. 유년·중등·고등·청년·장년으로 이어지는 순서마다 박수와 웃음이 터지지만, 예수님의 일대기를 연출할 즈음에는 쥐죽은 듯 고요하다. 갈보리 산상에서 십자가

에 못 박혀 죽을 때는 한숨 소리가 길게 터지고 부활하는 장면에는 환희가 넘친다.

새벽종이 은은히 울면 조를 짠 찬양대가 고샅을 누비며 새벽송을 부른다. '기쁘다 구주 오셨네', '고요한 밤 거룩한 밤', '저들 밖에 한밤중에' 등 찬양이 이어진다. 리듬은 경쾌하고 때로는 경건하다. 집집이 불을 밝히고 사립문을 열어 그들을 맞이한다. 과자나 빵을 내어놓기도 하고, 정성을 담은 선물도 나온다. 이 시간만큼은 점쟁이 할머니도, 심술궂은 이웃집 아저씨도 모두가 착한 산타할아버지다. 종교를 뛰어넘어 모두가 너그럽다. 엄동설한의 칼바람이 속살을 후벼 파고, 손과 발이 얼얼해도 마냥 즐겁다.

박사교회 찬양대. 1958년

마을의 처녀, 총각들도 하릴없이 들떠있다. 성탄 전야는 걸쭉

한 판을 벌인다. 눈금을 그어놓은 쌀독에 쌀을 어머니 몰래 퍼내어 밥을 짓는다. 김이 모락모락 피어오르는 쌀밥에다 살얼음이 동동 떠 있는 동치미를 어썩어썩 씹어 대는 맛이란…. 감춰놓은 소주와 밀주가 나오고, 누구 집 닭장에서 서리 한 씨암탉도 올라오고, 초가지붕에서 사냥한 참새도 등장한다. 번호 맞추기 · 돌림노래를 부르며 크리스마스 전야를 낭만 속에 지새우다 새벽송 무리와 합류한다.

내가 다니는 교회는 건물만 덩그렇고 교인은 오십 명도 채 안 된다. 대부분 예순 대를 넘었다. 젊은이가 도회지로 나가버려 새벽송은 엄두조차 못 낸다. 새싹들의 재잘거림이 없는 시골 교회는 찬바람만 일렁인다. 새벽마다 은은하게 울려 퍼진 교회의 종소리, 영성을 일깨웠던 그 소리가 소음 문제로 사라진 지 오래다. 종탑 위에 십자가의 불빛도 규제하는 추세이다. 영롱한 등댓불이 어부에게 구원의 빛이듯 십자가의 형광은 생명의 등불이 아니던가.

스님이 성당에서 '아베마리아'를 부르고, 사찰에는 크리스마스 트리에 점등한다. 종교의 벽을 허물었다. 장좌불와長坐不臥의 성철스님이 즐겨 읽는 책이 성경이라 했던 것처럼 서로 배려하는 모습이 아름답다. 현란한 네온보다 촛불이 반가운 계절이다. 촛불 든 손을 호호 불며 새벽송을 불렀던 그 시절이 그립다. 다가오는 성탄에는 새벽송을 부르고 싶다. 새벽을 가르는 사랑의 노래는 까칠한 심성을 부드럽게 다스려 주리라.

수필집 『소금 세례』 중에서

외팔로 자전거를 몰며

배재기 옹은 인물이 배우 뺨칠 정도로 준수하여 마을 아가씨들의 흠모 대상이었다. 그의 아버지는 동장이었다. 가정도 좋아 일등 신랑감이었다. 그러한 그가 놈들에 의해 팔목을 절단 당했으니 마음은 오죽했을까? 누구도 그날의 상황을 쉽게 묻지 못했다. 아픈 상처를 건드리는 것 같아서. 나는 용기를 내어 그의 집을 방문했다. 병색이 짙은 그는 침대에 누워 있었다. 얼굴에 반가움을 가득 담은 채, 무거운 몸을 일으킨다.

"형님, 마음이 아프겠지만, 그날의 상황을 자세하게 얘기해 주십시오. 쓰라린 참상이 역사 속에 묻혀서야 하겠습니까?" 그의 얼굴이 일그러진다. 울음을 참는 모습이 역력하다.

"그날 밤은 달이 밝았어. 방천만 사랑방에 예닐곱이 놀았지. 그의 형 방청백은 위채에서 자고 있었고. 어떤 친구는 새끼를 꼬고, 나미지는 짚신을 메고 있었어. 느닷없이 사 오명이 총을 겨누며 들이닥쳤어. 나를 겨냥하더군. 내가 가장 덩치가 컸으니까."

"너거 아부지 누고?"

"배동술입니더."

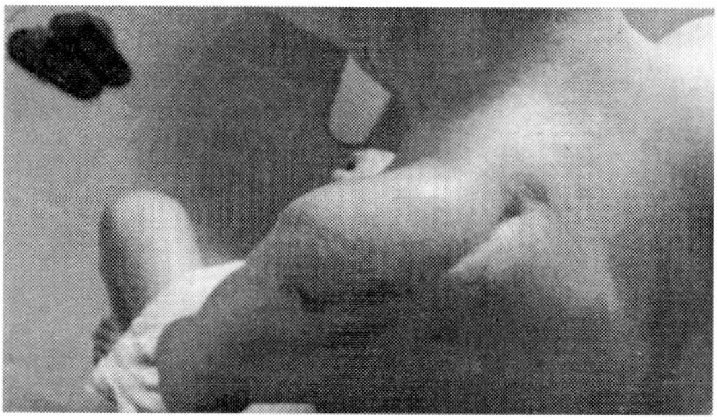

"동장 아들이구나. 그동안 지서에 자주 신고했겠네. 놈들은 새끼로 팔을 뒤로 묶었어. 그들의 동태가 심상치 않아 힘을 주었지. 새끼가 우지직 끊어지더군. 놈들은 날이 선 일본도로 도망치려는 나의 목을 향해 후려쳤어. 목을 향한 첫 번째 칼날은 빗나가 어깨를 베었고, 두 번째 칼이 번쩍일 때, 엉겁결에 왼손으로 막았어. 손목이 거의 잘렸어. 순간 검붉은 피가 분수처럼 뿜어 나왔지. 쭈룩~ 피 흐르는 소리가 뚜렷이 들리더라고. 오른손으로 덜렁거리는 왼손을 싸잡고 미동 어른(박두만) 집 뒷담을 타고 넘었어. 담 아래 타작한 짚북데기 속에 사람이 밟히는 거야."

"너는 누구냐?" 소리치더군. 쥐죽은 듯해야 생명을 건질 수 있었을 터인데. 잠주코[8] 있으라고 했지. 그 사람은 부촌댁 최영만 형님이었어. 그는 용케도 생명을 건졌어. 놈들이 철수하고 사랑방에 다시 갔어. 그 집은 불타지 않았으니까. 정신을 못 차리고 있던 중, 대동리 사람 누군가의 부축을 받고 교회로 옮겨졌어. 아버지는 나를 데리고 소월

---

8) 조용히

3동에 사는 김달봉 어른을 찾아갔지. 그 어른은 면 소재지에서 자잘한 의술을 베풀고 있었으니까."

"의료시설이 열악하지 않았나요?"

"이것저것 따질 경황이 없었지. 손목을 붙여 달라"고 애원했어.

부상자 배재기

"도저히 살릴 수 없다"며 손목을 잘랐어.

"조금 전까지만 해도 멀쩡한 손이 잘려나가는 것을 내 눈으로 차마 볼 수가 없더군. 지금 의술이라도 뾰족한 수가 없었을 거야."

뭉텅한 손목을 내보이면서 오열한다. 67년의 기나긴 세월의 강을 넘어 기억을 되살리는 그가 안쓰럽다. 제대로 말을 잇지 못하는 그에게 더는 말을 붙일 수가 없었다. 배재기는 그러한 몸으로 조그마한 가게를 운영했다. 자전거 뒷자리에 음료수 상자를 싣고 집집이 배달했다. 구멍가게에서 나오는 수입으로 생활을 꾸렸다. 한 손으로 자전거를 타고 다니는 모습은 안쓰럽기 그지없었다. 이제는 늙고 병들어 집에서 칩거한다.

부상자 배재기. 당시 15세. 2016년 현재 83세. 경산시 하양읍

2부

사망자 유족의 목소리

죽은 자는 말이 없다. 유족과 가까운 친척에게 그날의 참상을 들을 수밖에 없었다. 신혼에 남편을 잃은 청상에서부터 어머니 뱃속에 있었던 유복사까지.

유족들은 전국에 뿔뿔이 흩어졌나. 직접 찾고, 때로는 전화를 걸었을 때 가족처럼 따뜻하게 맞아주었다.

기둥을 잃고 살아온 유족들의 목소리는 처절했다.

* 이 책에 표기한 나이는 1949년 사건 당시의 나이임.

춘자야 춘자야! 아버지의 처절한 목소리

희생자 김석수

징용에 끌려간 아버지가 일본에서 귀국한 지 얼마 되지 않았지. 아버지는 할머니 제사상에 올릴 제수를 마련하고자 하양장에 갔어. 일본에서 함께 고생한 친구 집에 놀다 가라는 것을 뿌리치고 왔다 하더군. 할아버지도 편찮으셨고. 아버지는 여느 때처럼 사랑방에 놀러 가셨어. 나는 남·여 동생과 단잠에 빠져있었지. 집에 불이 붙었다는 엄마의 다급한 목소리가 들렸어. 엄마는 난 지 삼 개월이 안 된 남동생을 들러업고, 나와 여동생을 이불에 둘둘 말아 문밖으로 끌어내너군. 우리는 길 건너 최문환 이른 담벼락에 숨었어. 엄마는 물동이로 불타는 지붕과 나락 두지를 향해 마구 물을 뿌려대더라고. 이웃의 도움을 받을 수도 없었어. 마을 전체가 불타고 있었으니. 집을 홀랑 태웠어. 위채는 새집이었고, 아래채는 완공 단계였는데….

"무섭지 않았나요?"

"무서웠지. 여동생 옥이와 와들와들 떨었어. 아무도 우리를 보살펴 주는 사람이 없더라고. 엄마는 불을 끄느라 정신이 없었고."

"기억나는 것이 없는지요?" 전화선을 타고 오는 그녀의 한숨 소리가 뚜렷이 들렸다.

"기억이 생생하지. 춘자야. 춘자야! 아버지의 울부짖는 소리가 여러 차례 들렸어. 내 이름을 불렀지만, 사실은 엄마를 부르는 소리였을 거야. 통상, 부부간 호칭할 때 큰 아이 이름을 부르잖아. 춘자야! 절규할 때는 놈들에게 한창 당하고 있었을 것 같애. 고함을 지를 때마다 공비의 칼날은 바람을 가르지 않았을까? 놈들이 물러가고 쓰러진 아버지를 찾았을 때, 아버지는 숨을 놓지 않은 상태였어." 가쁜 숨을 몰아쉬며 어머니를 향하여

"나는 살아날 가망이 없으니 어린아이들 데리고 살 수 있겠느냐?"

"잘 살 테니 걱정 말라"고 했대. 우리가 철이 들고 난 다음

"너희 아버지와 약속 때문에 평생을 고생했다"며 엄마는 자주 푸념을 늘어놓았어.

"그 뒤 상황은요?"

"우리 집은 홀랑 타버려 피할 곳이 있어야지. 작은집에 갔어. 엄마는 아버지의 주검을 보고, 제정신이 아니었어. 온몸과 얼굴이 칼자국으로 깊이 팼으니. 엄마는 밖으로 흘러내린 아버지의 내장을 뱃속으로 밀어 넣으면서 몇 차례나 정신을 잃었어. 누군가가 아버지 시신을 모시고 들어오더군. 아버지의 모습을 분명히 봤어. 얼굴에 칼자국이 여러 곳 있었지만, 피는 말끔히 닦여진 상태였어. 아버지의 시신을 교회에 안치할 동안 출동한 의료진이 돌봤을 것 같아." 누군가가 맏딸인 나를 보며

"아버지를 불러 보라"고 하더군.

"차마 입이 떨어지지 않았어. 그때 아버지라 불러 드리지 못한 것이 평생 한으로 남아 있어." 그녀의 울먹이는 소리에 수화기마저 떨렸다.

"……"

"기막힌 이야기 하나 해 줄까. 그날 저녁 아버지와 함께 손목을 잃은 방차암 어른이 계시잖아. 시신을 수습할 때 손목이 바뀌었다는 얘기를 들었어. 하마터면 손목이 바뀐 상태에서 장례를 치를 뻔했어."

"그 뒤의 생활은 어떠했는지요?"

"갈 곳이 없어 김필기 어르신 아랫방에 더부살이했지. 아버지가 보고 싶어 대나무로 엮은 마룻바닥을 손톱으로

뜯어가며 마구 울었어. 그럴 때마다 엄마에게 엄청스레 맞았어. 맞는 나의 아픔보다 때리는 엄마의 가슴이 더 쓰라렸을 거야. 그 뒤로 어머니는 교회에 다니기 시작했지. 새벽기도를 하루도 거른 적이 없었어. 안정을 찾을 무렵, 교회의 어떤 아지매가 엄마에게 중매를 서려고 했어. 우리를 두고 도망갈까 봐 여동생과 나는 어머니 치맛자락을 부여잡고 졸졸 따라다녔지. 중매쟁이가 우리 집 근처에 얼씬거리지 못하도록 강짜를 부렸어. 사랑하는 남동생은 나이 여섯에 돌림병인 마마를 앓다 하늘나라에 갔어. 아버지 잃을 때보다 눈물을 더 많이 흘린 것 같애." 말끝을 흐리는 그녀의 목소리에 회한이 서려 있다.

아버지를 잃은 그녀는 엄마를 도와 가계를 꾸렸다. 힘든 농사일을 여인네들이 짓기엔 무척 버거웠으리라. 그녀는 일흔 중반의 나이지만 곱게 늙어가고 있다. 매년 지내는 추모제에 한 번도 거르지 않고 참배한다.

1. 사망자 김석수 32세. 장녀 김춘자 7세. 경북 의성

할머니가 그렇게 말렸는데

어미 소와 젖을 뗀 송아지를 팔고자 아버지와 함께 하양장에 갔어. 암소는 팔아 빚을 갚으려고 했지. 어미 소는 시세가 맞지 않아 팔지 않고 새끼만 팔았어. 나는 소를 몰고 집으로 왔지. 아버지는 송아지 판돈을 주머니에 넣고 문상 간다며 박사리에 들렀어. 정미소를 운영하는 정원덕 씨가 돌아가셨어. 그분은 진외가 친척이야. 할머니는 뭔가 찜찜하다며 가지 말라고 말렸지. 요즘도 그렇지만, 초상집에 갈 때는 가리는 것이 많았잖아?

"아버지가 돌아가신 것을 언제 아셨나요?"

"이튿날 아침에 진외가에서 연락이 왔더군."

"아버지 시신은 어디에 있던가요?

"달려가 보니 예배당에 안치해 놓았더군. 칼이 옆구리를 관통했어. 목덜미에 시퍼런 멍도 들었고."

"어떻게 십 리 길을 모시고 오셨는지요?"

"우리 집안에서 소구루마9)를 이용하여 모시고 왔어."

"송아지 판돈은 어떻게 됐는지요?"

"불에 타 버렸는지, 돈을 찾았다는 소리는 못 들었어. 돈 찾을 정신이 어디 있었겠노?"

---

9) 소달구지

"구호품을 받은 적이 있었는지요?"

"재떨이를 받은 것이 기억나네. 누구는 백구두를 받은 사람도 있다던데. 미군 부대에서 흘러나온 물건이 아닌지 모르겠어."

사망자 38명 중, 다른 마을 세 사람이 학살당했다. 그중 한 분이다.

2. 사망자 김사원 40세. 장남 김임석 15세. 와촌 음양리

초저녁에만 해도 아버지 무릎에서 재롱떨었어

희생자 김영달

우리 집은 마을에서 떨어진 외딴곳이잖아. 놈들이 자주 내려와 괴롭혔지. 주위가 소란하면 몸을 피했어. 숨은 곳은 아카시아 울타리야. 아카시아 뿌리가 사과나무에 넘어가지 못하도록 골을 파 놓은 곳이 은신처였어. 방공호 역할을 한 셈이지. 아버지는 그날 저녁, 마을 정미

소에 상문을 갔어. 정미소를 운영하는 정원덕 씨 팔이 벨트에 말려들어 사망했어. 피를 너무 많이 흘렸을 것 같애. 그분도 교회 영수(장로)이었고, 아비지도 교회 영수였어. 두 분은 매우 친했지. 아버지는 그 자리에서 희생당했어. 초상집에 가기 전, 나는 아버지의 무릎에 앉아 저녁을 먹으며 응석 부렸어. 그것이 아버지와 영원한 이별 장면이야. 놈들이 정미소를 학살의 현장으로 삼은 것은 치밀한 계획이 있지 않았을까 싶어.

그의 말에 충분히 공감한다. 공비들은 사람이 많이 모인 초상집을 노렸을 것이다. 정미소 울타리는 철망으로 둘러쳐졌고, 맞은편 골목은 막다른 골목이다. 입구를 봉쇄하여 도망갈 곳을 차단한 치밀한 작전이었다.

그 후 토벌 작전을 펼쳐 생포한 공비를 공개 처형했을 때, 놈의 시신을 할아버지가 거뒀다고 들었어. 할배도 교회 영수였어. 아버지를 죽인 원수의 소행은 이가 갈리도록 미웠겠지만. '원수를 사랑하라'는 예수님의 가르침에 따라 시신을 수습하지 않았을까. 신앙이 두터운 할아버지는 부흥회가 열리는 곳이면 어디든 찾아나섰으니까.

"아버지의 풍채가 대단했다던데요?"

"할배와 아부지는 육 척 장신이야. 아버지 시신을 옮기는 데 애를 먹었다더군. 어머니는 나를 데리고 아버지의 무덤을 자주 찾았어. 그곳에서 흐느끼는 것을 자주 봤어."

3. 사망자 김영달 36세. 아들 김진호 4세

태어난 날과 죽은 날이 같은 형님은 죽어서도 아내를 기다렸다

희생자 김윤수

그날은 윤수 형님의 생일이었어. 엄마와 생일이 같은 날이야. 생일상을 조촐하게 차리고, 가족이 모두 모여 놋그릇을 닦고 있었지. 형은 일본 징용에 끌려가 사 년 동안 고생하다 돌아와 장가든 지 겨우 일 년 지났어. 사건이 터진 다음 날(음, 10월 11일)은 형수가 우리 집으로 시집오는 날이었어. 갑자기 삽짝10)에 달아놓은 요롱11)이 요란하게 울더군. 총을 든 몇

10) 사립문
11) 워낭

명이 형을 잡아갔어. 우리 식구는 어쩔 줄 모르고 밖에 나왔어. 이웃인 김수용·윤성구의 집은 벌써 불길에 휩싸여 있더라고. 안절부절못하고 있을 때, 신대 어른이 헐레벌떡 오더군.

"이집 큰아들 윤수가 죽었다"며 연락하더라고.

"그 어른의 아들(방차암)은 정미소에 끌려가 팔을 잃은 줄도 모른 채. 어머니와 함께 학살의 현장인 홰나무보[12])에 갔어. 여덟 명의 시체가 이지럽게 늘려 있더군. 형을 찾았을 때, 얼굴과 입언저리가 으깨어져 있었어. 물께돌[13])로 잔인하게 내려치지 않았을까. 기독교 신자인 형은 놈들에게 당차게 대들었을 것 같아. 망가진 형님의 얼굴을 차마 볼 수 없었어. 이웃인 윤재근 어른에게 들은 얘긴데, 형님은 탈출을 시도하다 다시 붙잡혔어. 그 어른도 물께돌에 맞아 얼굴이 엉망 됐지."

"형님을 모시고 와서 어떻게 조치했는지요?"

"쓰러져 있는 형님을 집에 옮겼을 때는 몸이 따뜻하여 살아 있는 줄 알았어. 그저 정신을 놓아버렸다고 생각했지 어머니는 끓인 물에 참기름을 대워 연방 형의 입에 떠넣었어. 윤수야 윤수야! 부르면서. 반 내접가량 떠먹었을 거야. 산키는 줄 알았는데, 방바닥에 물이 흥건하더라고.

---

12) 마을의 수원지
13) 물 수위를 조절하는 돌

반듯이 눕히는 순간, 형의 고개가 옆으로 축 처졌어. 옆구리에 총구멍이 뚫려 있더라고. 급소를 관통했을 모양이야. 죽음을 확인한 우리 집은 울음바다가 됐어."

"장로님은 어떻게 화를 면했습니까?"

"하나님이 보호했을 것 같애. 놈들이 형님을 끌고 간 뒤, 나는 옷가지와 식량을 자루에 넣고 담을 타고 넘었어. 한달[14] 당산나무 아래서 공비 여러 명이 나를 잡으러 오는 거야. 줄행랑을 쳐 소깝삐까리[15]에 숨었어. 당산나무 아래가 놈들의 본부였고, 거기서 작전지시를 내린 것 같아."

"형수의 행적은요?"

"친정이 대구 달서구 감삼동이었어. 교통편이 없어 하양에 사는 김순도 장로님 집에서 하룻밤을 묵고, 사건이 터진 다음 날 우리 집에 왔어. 반갑게 맞아야 할 신랑이 죽었으니 얼마나 참담했겠노? 다른 분들은 아침 일찍 장례를 치렀지만, 우리 형은 장례를 치르지 못했어. 상주인 형수가 도착하지 않았으니까. 형의 장례는 와촌교회의 도움으로 치렀어."

"그 후, 형수는 어떻게 사셨는지요?"

"형수는 일점혈육도 없었어. 팔자를 고치라는 어머니 말

---

14) 박사리의 지명
15) 청솔더미

을 듣지 않더군. 형수는 오랫동안 혼자 살았어. 형님의 추도식에 참석하고, 명절마다 집에 다녀갔어. 얼마의 시간이 흐른 뒤 재혼했지. 재혼하고도 가끔 연락하더라고. 지금은 연락을 거의 끊었지만. 형은 일본물을 사 년이나 먹었으니 신문물에 밝았어. 형님이 일제강제노역에 끌려갈 때, 형님 친구(강천수)가 손수 깃발을 만들어 전송하던 모습이 머릿속에 뚜렷이 남아있어."

"장로님 아버지는 어떻게 무사히셨는지요?"

"아부지도 정미소에 가셨지. 정미소를 운영하던 분이 돌아가셨으니까. 그분은 같은 교인이라 아버지와 친했어. 아버지도 친구들과 함께 꿇어앉았어. 끌려간 친구들의 비명을 듣고 그대로 도망쳤대. 처음에는 낙산댁 웅덩이에 몸을 피해 있다 돼지비알16)에 숨었어. 새벽녘에 집으로 돌아왔더군."

4. 사망자 김윤수 27세. 동생 김태수 16세

16) 박사리 강변에 있는 지명

어머니를 찾아간 날에

간 날이 장날이라고 했던가? 어머니를 찾은 그날 저녁에 화를 당했다. 그에게 아들과 여동생이 있었지만 오래전 별세했다. 상황을 아는 사람이 없어 이웃의 얘기를 종합했다.

그분은 큰 목수였다. 사건 당시 아내와 어린 아들 김성우는 금호에 살았다. 박사리에는 어머니 은해달(뽕나무 집 할매)이 있었다. 건축 솜씨가 뛰어나 집을 짓는 곳마다 뽑혀 다녔다. 공사 현장에 나가면 한두 달씩 걸렸다. 사건이 터진 날은 어머니를 뵈러 집에 들렀던 날이다. 오랜만에 온 그의 집에 친구 여럿이 모여 놀았다. 같은 날 사망한 나의 구촌 아재(박일도)도 함께 변을 당했다.

"허구한 날을 제쳐 놓고 하필이면 오늘 왜 왔노?" 아들을 잃은 어머니는 방구들이 꺼지도록 한숨을 쉬면서 통곡했다.

이웃 박영생 옹의 증언이다.

"망인은 일류 목수였지. 한 번씩 올 때마다 음식을 푸짐하게 장만하여 이웃에게 골고루 나누어 주었어. 그는 독실한 기독교 신자였어. 이웃을 사랑하라는 성서의 가르침을 실천한 것 같애. 배고팠던 시절, 주린 배를 채울 수 있었으니 고마움을 잊을 수 없어."

뽕나무 집 할머니는 백 살까지 살았다. 마을에서 가장 오래 사신 할머니다. 망인의 아들 김승우는 나와는 절친한 친구이다. 아기일 때, 아버지를 여의고 어머니마저 재혼했다. 어려운 삶을 살다 중한 병에 걸려 일찍 세상을 하직했다. 돌아가신 분의 손자와 통화를 하였지만, 더는 들을 얘기가 없었다.

5. 사망자 김재수 33세. 아들 김승우 2세
이웃 수빈. 박영생 박기정

생포한 공비를 향한 할머니의 절규

나이 어려 전혀 생각이 안 나. 어머니와 할머니에게 들은 이야기가 전부야. 사건 하루 전, 아버지는 묘사 준비를 했어. 사건이 터지던 날, 영천 화산면에 있는 산소에 묘사를 모시려 했어. 신한동에 사는 친척 할아버지가 갑자기 별세하여 초상집에 갔지. 아버지는 장례준비를 끝내고 주무시러 집에 내려왔어. 동사洞舍에서 마을 일을 의논하고 있을 때, 공비들에 끌려가 참변을 당했어. 그날 묘사를 지내러 영천에 갔더라면 화를 면했을 터인데. 그것도 팔자인가 봐. 이 십 대에 홀로 된 어머니의 처절한 삶을 볼 때마다 마음 아팠어."

"마을에서도 살림이 탄탄했다지요?"

"그래 맞아. 논과 밭이 많은 축에 들어갔지."

"많은 농사를 누가 지었는지요?"

"하양으로 이사한 큰아버지께서 농번기마다 농사를 거들었어."

"공비에게 황소를 뺏겼다던데…?"

"맞아, 놈들은 사건 전·후에 자주 괴롭혔어. 큰아버지가 대차오[17]를 몰고 와 모내기를 위해 논갈이하고 있었지. 놈들은 큰아버지를 협박하여 황소를 뺏어갔어. 그들의 횡포는 6·25가 터질 때까지 이어졌지. 멀쩡한 아들을 잃은 할머니의 슬픔은 극에 달했어. 생포한 공비 한 놈을 논 마당에서 공개 처형할 때, 아들의 원수를 갚겠다며 실신할 정도로 울부짖었대."

돌아가신 분의 어머니(사동 할매)는 성격이 걸걸했다. 이름난 점술가였다. 몸이 아플 때, 할머니가 주술을 외면서 환부를 어루만지면 아픈 곳이 귀신같이 사라지곤 했다. 부엌칼로 머리를 쓱쓱 빗긴 뒤, "사팔이 쉐![18]" 고함을 지르며 사립문을 향하여 칼을 내 던진다. 뾰족한 칼날이 밖으로 향할 때까지. 생포한 공비를 공개 처형할 때 할머니는 절규했다. 건장한 아들이 하룻밤

17) 큰 황소. 경상도 방언
18) 무속인의 고유 언어

사이에 불귀의 객이 되었으니…. 구경나온 모든 유족은 함께 오열했으리라.

6. 사망자 김천식 32세. 아들 김경암 3세

장가든지 사흘 만에

작은아버지는 같은 마을에 장가들었어. 결혼한 지 사흘 째야. 사건이 터진 날은 삼촌이 처가에서 우리 집으로 오는 날이었지. 잔치 뒤끝이라 친척들이 모여 즐겁게 놀고 있었어. 갑자기 공비들이 들이닥쳐 아버지와 삼촌을 정미소 마당으로 끌고 갔어. 삼촌은 현장에서 놈들의 칼을 맞고 바로 죽었어. 아버지는 여러 곳을 칼에 찔렸으나 목숨은 겨우 건졌지.

"하루아침에 청상이 된 숙모는요?"

"숙모는 여러 차례 재혼하라는 것을 뿌리치고, 칠 년 가까이 외로움을 달래며 독수공방했지."

"네 살 난 내 동생을 키우며 살겠다"고 하면서. 입에 풀칠하기 어려워 서울로 이사했지. 동생은 숙모에게 몇 차례 드나들었어. 어느 날, '이제 그만 왔으면 좋겠다'는 눈치를 주었다더군. 새로운 배필이 생겼을 성 싶어. 지금은 연락이 끊겼지만, 잘 살기를 바래.

그녀의 삶을 조명하고자 지인을 통해 취재요청을 하였지만, 완곡히 사양했다.

7. 사망자 김태복 23세. 조카 김경식 10세

세 살 난 어린 딸을 두고

희생자 김화언

일본에 징용 간 삼촌은 돌아온 지 오래되지 않았지. 공비들은 작은아버지의 배를 열십자로 갈라놓았어.

"내장이 밖으로 쏟아져 시신 수습에 무척 힘들었다"는 할아버지 말씀을 들었을 때 치가 떨리더군. 삼촌이 낳은 딸, 용자(당시 3세)는 우리 집에서 초등학교 3학년까지 다녔어. 어느 날, 재혼한 숙모가 데리고 가면서 엄청스레 울더군. 사촌 여동생은 의붓아버지 아래서 자랐어. 성장한 과정은 잘 모르지만, 마음고생 많았을 거야.

딸의 이야기를 듣고 싶었다. 어렵사리 그녀와 통화할 수 있었다. 경상도 사투리가 아닌 서울 말씨다. 소녀적 겪어온 지난날의 이야기를 펼쳐놓는 그녀의 목소리는 가늘게 떨렸다. 그러나 목소리는 맑았다.

아버지가 돌아가실 때는 세 살이었으니 아는 것이 전혀 없어요. 엄마에게 들은 것이 전부예요. 난리가 터지자 어머니는 갓 난 남동생을 업고, 아버지는 나를 안고 밖으로 뛰쳐나왔어요. 공비들은 나를 팽개치고 아버지를 끌고 갔어요. 다른 분들도 처참하게 당했지만, 아버지의 죽음은 너무 참혹했어요. 내장이 송두리째 밖으로 나왔다 했으니…. 동생도 이내 죽었어요.

"무슨 병에 걸렸는지요?"

"동생은 연기를 너무 마셔 죽었대요. 불 속에 뛰어들어 쌀 몇 되와 옷가지를 건지려다 아들을 죽였다며 엄마는 사무 한탄했어요."

"어머니는 어린 딸을 큰 집에 두고 서울로 떠났다는 얘길 들었는데요?"

"제가 어릴 때 어머니는 재혼했어요. 초등학교 삼 학년까지 큰집에서 자랐어요. 학교에 다니긴 했지만, 기억이 뚜렷하지 않아요. 서울로 간 엄마를 기다리며 교실 밖에서 서성거린 것이 생각나요. 벼가 무르익을 무렵, 참새를 쫓으러 들판에 간 적이 더러 있어요. 얼마 후, 엄마가 나를 데리러 왔어요. 의붓아버지 밑에서 이복동생들과 함께 살았습니다."

그녀의 목소리가 촉촉하게 젖어있다. 아픈 기억을 건드리는 것 같아 더는 물을 수가 없었다.

8. 사망자 김화언 32세. 딸 김용자 3세. 조카 김상연

죽은 오빠를 장가보내다

오빠는 박사리 박태촌 댁에 머슴을 살았어. 우리 집은 대동 숲골[19]이고. 오빠는 열심히 교회에 다녔어. 그 집 주인도 독실한 기독교 신자였거든. 우리 마을에도 빨갱이들이 골목에 서성거렸어. 그러나 우리 마을 사람은 해코지는 않더라고. 아버지가 마당에 나오시더니

"거랑 건너 박사동이 불바다가 됐네. 양근이가 무사할지 모르겠다"며 큰 오빠와 함께 박사동에 가는 거야. 정미소 앞 막다른 골목에서 죽은 아들을 발견하고 사다리에 얹어

19) 대동2리 자연부락

모시고 왔어.

"돌아가신 오빠를 직접 보셨는지요?"

"봤지. 허연 무명베 옷이 피로 칠갑 되었어. 차마 볼 수가 없겠더라고. 그 뒤로 오빠 모습이 꿈에 자주 나타나 잠을 설치곤 했지. 참혹한 오빠 모습을 머릿속에 지워내는데 오랜 시간이 걸렸어. 보지 말아야 좋았을 것을. 오빠는 가슴과 등에 칼을 맞았어. 아버지는 몇 날 며칠을 꺼이~ 울더군.

"장가도 못 간 오빠가 죽었으니 슬픔이 컸겠군요?"

"당연하지. 오빠가 죽고 난 뒤, 우리 집에는 우환이 끊어질 날 없었어. 엄마가 유명한 점쟁이에게 물어보았어."

"불쌍한 우리 오빠 '몽달귀신' 되어 구천을 떠돈다며 장가를 보내줘야 한다"며 점쟁이가 말했어. 엄마는 있는 돈 없는 돈 긁어모아 굿판을 벌였지. 짚단으로 신랑·신부 형상을 만들었어. 여느 혼례처럼 초례상엔 음식을 정갈하게 차려놓고, 암·수 닭을 올려놓았어. 무당은 이 귀신 저 귀신 세상에 모든 귀신 청해 놓고, 우리 오빠 좋은 색시 만나 잘살게 해달라며 얼쑤 춤사위를 벌이더군. 대나무를 쥔 사람은 무슨 신을 받았는지 온몸을 와들와들 떨고…. 그렇게 오빠는 부부의 연을 맺게 했어. 신부는 어느 집 처녀 귀신인지 모르지만."

"굿판을 보면서 어떻게 하셨나요?"

"나도 돈 한 닢 놓고 빌었어. 우리 오빠, 제발 꿈에 나타나지 말고, 우야든동[20] 하늘나라에서 잘 살게 해달라고." 엄마는 아들의 무덤에 자주 갔어. 어느 날, 야시[21]가 묘를 온통 파헤쳐버린 거야. 여우는 오빠의 시신을 해코지는 않았지만, 무명베 바지는 갈기갈기 찢어 놓았어.

그 시절, 여우의 개체 수가 엄청나게 많았다. 무덤에 해코지했다는 말은 확실하다. 증언 중, 여러 곳에서 사실로 드러났다. 시대의 변천에 따라 생태계도 많이 변했다. 그렇게 많던 늑대와 여우, 산토끼는 거의 자취를 감췄다. 그 대신 산돼지, 고라니는 부쩍 불어났다. 산돼지는 고구마·감자밭을 휘젓고, 심지어 사람까지 해친다. 고라니는 콩·채소·과일 농사를 망쳐놓기 일쑤다.

9. 사망자 박양근 20세. 여동생 박순연 11세. 대구 동구 능성동

큰아들은 박사사건에 죽고, 작은아들은 6·25 전쟁에서 죽었다

사망자 박일도는 나의 9촌 아재이다. 증언한 박기정은 10촌 형님이다.

---

20) 어쩌든지

21) 여우. 경상도 방언

"형님, 그날 일을 아는 대로 이야기해 주십시오."

"아버지는 친구 김재수(뽕나무 할매 집) 어른 집에 놀러 갔어. 두 살 먹은 동생 기돈이를 데리고. 그 어른이 오랫동안 밖에 머물다 그날 집에 돌아왔어. 놈들의 작전은 사람이 많이 모인 사랑방을 급습했고, 불이 켜진 집을 차례로 뒤졌어. 아버지는 김재수 어른과 함께 붙들렸어."

"임자!" 아버지는 어머니를 불러 담 너머로 동생을 넘겨주고, 정미소 마당에 끌려갔어. 그 어른 집과 우리 집은 담 하나 사이야. 아버지도 여느 사람처럼 우리 집 들어오는 골목에서 전신을 난자당했어.

"직접 목격한 것은 있었는지요?"

"할배가 피범벅이 된 아버지를 머리방에 눕히고, 솜이불, 솜옷을 닥치는 대로 찢어 상처 부위를 동여매더군. 아버지는 오래 버티지 못하고 숨을 거두었어. 출혈이 심했겠지. 요즘 같으면 구급차를 불러 손을 써 볼 수도 있었을 터인데. 칼을 맞은 사람들이 연방 우리 집으로 피신해 오더라고. 우리 집이 막다른 골목이잖아. 어머니는 피가 범벅된 최천암 어른의 상처에 옷기지를 찢어 싸맸어. 배암구 어른과 박영생 형님도 우리 집으로 쫓겨 와 뒷담을 다 넘더라고. 할배는 배암구 어른을 짚동에 숨게 했어. 얼마 안 되어 그분도 숨졌지. 출혈도 많았지만, 명치를 찔렸다 하더군. 짚북데기에 숨어있던 최천암 씨는 지서로 도망쳐 살았어. 할배는 아버지의 시신을 방에 눕혀 놓은 채, 이웃 집 불을 끄더라고."

"아버지의 장례는 어떻게 치렀는지요?"

집안에 여러 명이 변을 당하고, 동네가 쑥대밭이 됐으니 일손이 없었어. 어머니가 다니는 '금호교회' 교우들의 도움으로 장례를 치렀어."

태촌 할아버지의 큰아들은 박사사건에 목숨을 잃고, 작은아들 박창희는 6·25에 전사했다. 한두 해에 걸쳐 두 아들을 잃었다.

10. 사망자 박일도 33세. 장남 박기정 7세. 박사리

아버지를 사다리에 얹어 산으로 가더군

사망자 박한태는 나의 큰아버지다.

"나는 기억이 전혀 없어. 돌아가신 아버지를 사다리에 얹어 산으로 가는 것 외에는." 아들인 박기보의 짤막한 진술이다.

경기도 포천에 사는 맏딸의 이야기다.

"나는 그때 결혼 날짜를 받아 놓고 있었어. 중매쟁이 말만 듣고 혼인 결정을 했지. 신랑이 어떻게 생겼는지도 모

르는 채. 시집갈 것을 생각하니 마음이 싱숭생숭하여 이모집(동장, 배동술)에 놀러 갔어. 그날은 상현달빛이 마을을 흥건히 적시고 있었어. 김장도 하고 한가했지. 한창 이야기꽃을 피우고 있을 때 빨갱이들이 들이닥친 거야. 이모아재가 동장인지라 맨 먼저 습격했을 것 같애."

"간나새끼, 어디 숨었노?" 지껄이며 집에 불을 지르더군. 허겁지겁 집에 돌아왔어. 머릿방에는 이미 아버지의 시신이 눕혀 있었고, 얼굴엔 보자기를 씌어 놓았어. 집안이 울음바다가 되었더라고."

"돌아가신 아버지 얼굴을 보셨는지요?"

"아니야, 할배가 좋은 일 앞에 두고 못 보게 했어. 내가 명색이 맏딸인데…. 돌아가신 아버지를 작은아버지가 업고 왔데. 아부지는 키가 장성처럼 컸지만, 작은아부지는 몸피가 작잖아. 우애 업고 왔는지…. 삼촌의 바지저고리에도 피가 칠갑 됐더라고. 아버지의 시신을 앞에 두고 슬퍼할 겨를도 없었어. 그 사건으로 우리 집안은 풍비박산 났지. 구촌 아재 돌아가시고, 당숙도 전신이 칼에 찔려 도립병원에 후송 갔잖아. 아부지는 관도 없이 초시자리[22]를 덮고 사다리에 얹어 묘터에 갔어.

나는 한 달 뒤, 동짓달 열이튿날 시집갔어. 초례상 앞에 두고 눈물이 빗물처럼 쏟아지데. 신혼 방에서 얼마나 울었

---

22) 돗자리

던지, 흘린 눈물이 한 바가지는 됐을 끼라. 아버지는 사건에 돌아가시고, 일 년이 안 되어 둘째 삼촌은 6·25 전쟁에 돌아가시고, 막내 삼촌은 후유증으로 정신을 놓았지. 너그[23] 아부지가 죽을 고생 했어. 큰집 · 작은집 농사 도맡아 짓는다고."

큰아버지는 나를 친아들처럼 사랑했다. 위로 줄줄이 딸만 생산하다 아들인 내가 태어났으니. 돌아가신 날도 나를 안고 얼러주었다고 했다.

11. 사망자 박한태 38세. 아들 박기보 6세.
맏딸 박옥량. 경기도 포천

오빠는 나를 무척 사랑했는데

사망자의 형제는 모두 세상을 떠나고 가장 가까운 사람이 여동생, 방용순이다. 대구 큰사랑병원에 요양 중인 그녀를 찾았다. 돌아가신 나의 큰 누님과는 절친한 친구이다. 약 60년 만에 만났지만 단번에 알아보시고 두 손을 꼭 잡는다.

"누님 고생 많습니다. 누님 집은 마을에서 한참 떨어진 양지만리[24]지요. 그런데 오빠는 어떻게 화를 당했는지요?"

---

23) 너의 방언

박사리 아가씨들. 1953

"오빠는 그때 큰 마실에 있었어. 사람 좋기로 소문 난 오빠는 집안 형편이 어려워 남의 집에서 일했지. 일꾼들과 사랑방에서 놀다 변을 당했어. 총각인 오빠는 덩치가 크고 인물도 좋았지. 이목구비가 뚜렷했어. 마을 처녀들이 침을 흘렸지. 간이학교25)에 들어가지 못하고 한약방 하시는 박일동 어른에게 한문을 배웠어. 그 어른은 너희 할배잖아? 저녁을 먹고 잠자리에 들려 했지. 큰 마실이 갑자기 대낮간이 밝아오데. 멀리서 바라보니 마을 전체가 불타고 있었어."

"아들 상길이, 잘못되지 않았는지 아버지는 어쩔 줄 몰

24) 박시리의 일부 지명
25) 임시 초등학교

라 하더군. 불타는 마을에 함부로 들어갈 수도 없고. 밤새도록 한숨을 못 잤어. 아니나 다를까 이튿날 새벽, 오빠 친구 방청길이 헐레벌떡 뛰어와 오빠가 죽었다고 연락하더군. 아버지와 큰 오빠는 교회에 누워있는 셋째 오빠의 시신을 수습해 왔어. 온 집안이 울음바다가 됐어. 남자 형제 네 명 가운데 외동딸인 나를 얼마나 사랑했는데…."

"돌아가신 오빠의 모습을 보셨는지요?"

"얼굴은 봤지만, 상처 부위는 보지 못했어. 칼자국이 왼쪽 가슴에서 아랫배 쪽으로 길게 그어졌다 하더군. 놈들은 심장을 찔렀을 모양이야. 둘째 오빠(용복)은 동생의 처참한 주검을 보고 6·25 전쟁에 스스로 참전했어."

"둘째 오빠는 기운이 장사라고 하던데요?"

"맞아, 또래 중에 덩치도 크고 의협심이 강했어. 씨름대회에 상도 탔지. 오빠는 안동사범학교를 졸업하고 군에 지원했어. 전쟁 통에 중공군에 잡혀 포로 교환 때 풀려났지. 죽을 고비를 넘긴 오빠는 휴가 나올 때마다 작은 오빠 무덤에서 멍머구리26)처럼 울더군. 그때부터 제대할 때까지 오빠에게 자주 편지를 썼어."

"누님은 우리 누나처럼 학교에 다니지 않았는데 어떻게 한글을 깨쳤는지요?"

"그때는 소학교27) 들어가는 것도 어려웠어. 가시나28)가

---

26) 큰 개구리

글을 배워 뭐하노?" 카면서.

"정미소를 운영하는 정원덕 어른이 먼저 야학을 시작했고, 뒤를 이어 박춘길 오빠가 지도했지."

"무엇을 배웠나요?"

"기역니은부터 가갸거겨, 아야 어여~, 구구단도 배웠어. 너그 누부야도 나와 함께 배웠지. 그때 어문[29]을 겨우 깨우친 거야."

"사건 통에 꽃다운 총각이 여럿 죽었이요. 일부는 좋은 곳에 가라고 굿을 해 줬다 하던데요?"

"그때 죽은 사람 중에 총각이 네 사람이었어. 어떤 집에는 몽달귀신 장가보낸다며 굿판을 크게 벌였지만, 우리는 조용히 굿을 한 적이 있었어. 얼마나 눈물이 나던지. 구경하는 사람들도 눈물을 많이 흘리더라고. 이듬해 큰 마실로 이사 왔어. 집 가까이 짐승들의 공동묘지가 있었잖아. 을씨년스러웠어. 밤이 되면 으스스하고."

그녀가 살았던 집은 마을에서 떨어진 도래솔 언저리다. 그곳에는 짐승들의 무덤이 있었다. 소위 '소 무덤'이다. 그 시절, 소에게 돌림병인 황병이 횡횡했다. 전염병에 걸리면 치사율이 높았다. 소가 죽으면 지서에 신고하고 묻었다. 파먹지 못하도록

27) 초등학교
28) 계집아이
29) 한글

소의 몸뚱이에 경유를 뿌려놓지만, 이슥한 밤이면 소의 형체는 순식간에 사라진다. 그만큼 배고팠던 시절이었다.

12. 사망자 방상길 20세. 여동생 방용순 14세. 영천시 청통면

재혼한 엄마를 만났지만

난 지 두 살 때였으니 생각이 전혀 안 나요. 겨우 젖을 떼지 않았을까? 아버지가 어떻게 죽었는지, 어떻게 장례를 치렀는지를. 삼촌에게 들은 이야기가 전부에요. 아버지는 위채에서 주무시고, 사랑방에는 삼촌 또래가 놀았대요. 놈들이 주무시는 아버지를 끌고 나와 그 자리에서 바로 죽였다더군요. 그들에게 대항하며 도망치려고 했던가 봐요. 아버지를 여의고 얼마 되지 않아 엄마는 재혼했어요. 여덟 살 때 엄마란 사람이 찾아왔지요. 철 든 뒤, 처음으로 엄마를 본 셈이지요.

"어머니를 만나보니 어떤 생각이 들던가요?"

"그저 덤덤했어요. 애틋함도 없었고. 열여섯 살까지 고모집에 살았어요. 거기서 초등학교를 졸업했지요. 그 뒤, 삼촌(방수만)이 결혼하여 분가할 때 저도 따라 나왔어요. 스물셋, 결혼할 때까지 삼촌과 함께 살았어요. 고모·삼촌·숙모가 부모 노릇을 한 셈이지요. 그 은혜는 평생 못 잊을

겁니다. 지금은 근실한 신랑을 만나 열심히 살아요. 부자는 아니지만 남부럽지 않게 살고 있답니다. 이 모습을 지하에 계신 아버지가 볼 수 있다면 좋으련만. 아버지 얼굴은 모르지만, 해마다 모시는 추모제는 꼭 참석하려고 해요."

사망자의 동생 방수만의 말이다.

형님과 함께 위채에 자고 있었어. 놈들이 들이닥쳐 형님을 끌고 나가더니 옥신각신하더라고. 형님은 사랑채에 놀던 배재기와 함께 묶였어. 재기 형님이 놈들에게 반항했지. 손목을 잘린 채 도망가는 것을 보고 형님도 도망치려 했어. '재기' 형은 목숨을 구했지만, 형님은 그 자리에서 죽었어. 형님의 왼쪽 가슴에 칼자국이 깊게 패 있었지. 심장을 겨냥했을 거야. 어린 조카는 아버지를 여의고 어머니마저 재혼하여 하루아침에 고아가 됐지. 착하게 잘 자랐어. 부모 없는 티도 안 내고.

13. 사망자 방천백 32세. 딸 방순태 2세. 대구시 방촌동
동생 방수만 10세. 경산시 하양읍

아버지는 사건에 죽고, 형은 늑대에 물려 죽고

"방성만 폰입니까? 저는 박사리에 사는 박기옥입니다."

"아, 박기옥 씨, 반갑습니다."

"어떻게 저를…?"

"왜 몰라요. 초등학교 3학년 1학기까지 박사리에 살았는데요. 내가 교육공무원 시험에 합격하고 호적등본을 떼러 와촌면사무소에 갔을 때, 친구가 거기 근무했잖아요? 서울에서 내려온 나를 반갑게 맞으며 점심까지 사 줬잖아요." 골목은 건너뛰었지만, 친구의 목소리를 알아듣지 못해 미안함이 앞섰다.

"그래, 불알친구네. 서로 말 놓자. 너그[30] 어른께서 당한 내용을 아는 대로 이바구[31] 해 봐라."

"태어난 지 겨우 3개월밖에 안 됐으니 우째 알겠노? 엄마와 누나에게 들은 것이 전부야. 아버지도 여느 어른처럼 칼에 찔려 돌아가셨다는 것만 알아. 가끔 엄마에게 물어봤지만, 그때마다 엄마는 입을 꽉 다물었어. 그날의 아픔을 떠올리기 싫었을 것 같아."

"서울, 객지생활 고생 많이 했겠네?"

---

30) 너희

31) 이야기

"말도 마라. 고향에 있을 때, 논 세 마지기가 전부였어. 엄마가 결단을 내렸지. 시골에 있으면 자식 공부 못 시킨다며. 엄마의 고생은 말로 다 할 수가 없어. 참기름 들기름을 머리에 이고, 이 골목 저 골목 목이 쉬도록 소리치며 행상했어. 피땀 젖은 돈으로 고등학교를 겨우 마쳤어. 대학은 돈 벌어가며 다녔고. 막노동을 비롯하여 안 해본 일이 없었지. 초등학교 선생질하다 풍금을 타지 못해 집어치우고, 교육공무원으로 취직하여 정년퇴직했지."

"가족 가운데 '수미짱'이란 누나가 있었제?"

"그래, 누나는 일본에서 태어났어. 일본 이름이잖아. 위로 두 명의 형이 있었지. 바로 위에 형이 늑대에 물려 죽었어. 그 사건을 너는 모르나?"

"……"

늑대 이야기로 흘렀다. 친구가 들려준 늑대 이야기다.

"그때는 늑대가 득실거렸잖아. 형이 늑대에게 물려 간 날은 부욱[32]에 있는 사촌 형님 집에 제삿날이야. 우리 가족 모두 그곳에 갔어. 어른들은 제사준비를 하고 있었지. "누런 개가 아기를 물고 도망간다!"고 누군가가 외쳤어. 어른들이 뛰쳐나와 늑대를 쫓아갔을 때는 놈은 이미 자취를 감추었어. 마을 청년들이 꽹과리와 징을 치며 살미골·작은골·큰골·소등대[33]를 비롯하여 가까운 산을 샅샅이

---

32) 지명

뒤졌지만, 형을 찾을 수 없었어. 산산 조각난 옷가지만 발견했을 뿐이야."

"내년 추모제 행사에는 꼭 참석하여 고향을 돌아보고 싶다"는 그의 목소리가 향수에 젖어있다.

14. 사망자 방태술 36세. 아들 방성만 1세. 서울 양천구 신월동

우리 마을 늑대 이야기

우리 마을에는 늑대에게 물려 죽을 뻔한 사람이 두 사람 더 있었다. 나의 고모, 박귀선과 선배 최유환이다. 영천 신령에 사는 박귀선에게 전화했다.

"고모, 늑대에게 어떻게 당했나요?"

"여덟 살이었어. 그날은 큰아버지(한약방 경영) 회갑이었지. 친척들은 큰집에 모여 있었고, 놀기 좋아한 나는 친구 집에 놀다 돌아오는 길이었어. 골목 모롱이를 도는데 난데없이 늑대가 나를 덮쳤어. 늑대에 물려가며 크게 울었어. 방덕천 어른이 비명을 듣고 달려 나와 나를 구해줬어. 놈은 나를 논두렁 아래 버려놓고 도망갔지. 물린 상처가 깊어 오랫동안 고생했어. 물린 곳에 살구씨 기름을 발랐어. 어깻죽지에는 놈의 이빨 자국이 고스란히 남아 있어."

또 한 사람이다. 세상을 떠난 최유환이 생전에 나에게 들려준

---

33) 골짜기 이름

이야기다.

"늑대에 물려갈 때, 일곱 살이었어. 해가 음양리 뒷산에 걸리는 저녁 무렵이야. 엄마는 방에서 국수를 밀고 있었고, 나는 멍석에서 놀고 있었지. 느닷없이 늑대가 나타나 나를 덥석 물었어. 처음에는 개인 줄 알았어. "이산호 댁 개가 나를 물고 간다"며 고함을 쳤지. 그 집의 누런 개는 몸집이 컸어. 어머니가 소리치면 뛰어나왔어. 나는 다행히 우물에 둘러쳐 놓은 돌에 걸렸어. 돌덩이가 생명을 구하는 데 일조한 셈이지. 늑대는 나를 포기한 채 줄행랑을 쳤어."

나의 유년 시절에는 늑대와 여우가 많았다. 우리 골목에는 다섯 집이 살았다. 골목 채소밭 어귀에 다섯 가구가 이용한 샘이 있었다. 새벽이면 우물가에서 늑대 우는 소리를 자주 들었다. 우우~ 마치 아기 울음처럼.

늑대의 울음소리

우우~ 새벽마다 늑대가 울었다. 어린이가 우는 소리와 흡사하다. 산과 들에 흰 눈이 수북이 쌓이고 살을 에는 추위에도 어김없이 운다. 다섯 가구가 길러 마셨던 공동 우물가에서 하늘을 보고 짖어대는 울음소리다. 주린 배를 채우고자 내려왔으리라.

늑대가 울면 나도 따라서 운다. 밖에는 늑대가 울고, 방안에는 철없던 내가 울었다. 늑대의 울부짖음엔 무엇을 챙기려함인지 알 수 없지만, 나의 울음은 장롱 속에 깊숙이 간취진 곶감을 낚아챈다. 어머니는 아들인 나에게만 곶감을 살며시 쥐여 준다. 자는 척, 이불을 뒤집어쓴 누나들의 침 삼키던 소리가 알싸한 아픔으로 다가온다. 이때부터 나쁜 버릇이 생겼나 보다. 먹을 것만 생기면 어떤 자리든 손이 먼저 나가니까. 세 살 버릇 여든까지라는 말이 나를 두고 이르는 말일 성싶다.

늑대는 계절과 관계없이 내려와 설쳐댔다. 주위에 늑대에게 물려가다 살아남은 사람이 둘이다. 고모와 얼마 전 작고한 C형이다. 여름밤 멍석에서 자다가 늑대의 공격을 받았다. 어른들의 도움으로 목숨은 건졌지만, 그들의 어깨는 늑대의 이빨 자국이 선명하다. 사람이 먼저 해코지하지 않으면 선제공격이 없다는데…, 늑대가 왔다 하면 우는 아이가 울음을 그쳤으니 달래는 방법의 하나였다. 아이가 칭얼거릴 때 늑대나 순사가 온다 하면 뚝 그치는 것이 그 당시의 분위기였다.

밤에 변소 가는 일이 걱정이었다. 누나들은 호롱불을 받쳐 든 아버지의 호위를 받으며 다녔으나 나는 아예 요강 단지를 탔다. 한방에 온 가족이 올망졸망하다 보니 새벽녘이면 오줌 누는 소리에 모두 단잠에서 깬다. 때맞춰 콩나물시루에서 타고 내리는 물소리도 한몫을 거든다. 수탉이 홰를 치고 교회의 종이 울면 늑대의 울음소리도 잦아든다.

"함부로 삽짝 밖에 나가지 마라." 어머니는 물레를 잣고, 누나들은 수를 놓으면서 희붐하게 열리는 새벽을 맞는다.

속이 엉큼하고 여자를 잘 후리는 남자를 늑대라 하지 않았던가. 아내에게 늑대라는 말을 심심찮게 들었다. 수긍은 하면서도 억울한 마음이다. 야수처럼 덤볐다 하더라도 방어를 잘했다면 쉽사리 먹혔을까. 울타리 단속도 제대로 아니하고 도둑만 나무라는 것은 온당치가 않을 듯하다. 요즘도 뭔가 마음에 안 차면 '늑대 같은 남자 때문'이라고 투덜댄다.

"당신 말이 맞다. 당신은 순한 양이고, 나는 굶주린 이리다." 산뜻하게 인정해주는 것이 몸에 이롭다.

무인도에서 먹을 것이 떨어지면, 가장 먼저 동물적 근성을 나타내는 것이 인간이라고 했다. 그중에도 인격자인 척 행세하는 위인이 더 강한 본성을 드러낸다. 늑대는 그렇지 않다. 먹을 것이 생기면 먼지 가족에게 양보한다. 장성하면 키워준 부모를 자주 찾는다. 수컷은 일편단심이다. 짝을 위해서는 목숨을 초개같이 버린다. 늑대를 사냥할 때 암컷의 피를 창끝에 발라 놓으면 수컷은 그 정 못 잊어 날이 선 그곳을 정신없이 빨아댄다. 자기 피가 쏟아지는 줄도 모르는 채. 늑대는 황야의 벌판에서 고립된 사람과 교감하는 의리의 동물이다. 몽골 민족은 아기를 낳으면 늑대의 힘줄을 탯줄로 삼고, 복사뼈는 항상 목에 걸고 다닌다고 했다. 비록 짐승이지만, 대접을 받아야 마땅할 터다.

'늑대만큼만 살아도 세상의 여자는 슬퍼할 일이 없을 것이다'는 말의 의미를 곱씹어 본다. 늑대의 정체성을 제대로 알고, 늑대의 성정을 닮고 싶다. 새벽마다 늑대가 울었던 그 자리에 흰 눈이 사분사분 쌓인다. 달이라도 삼킬 듯 울부짖던 그 울음을 듣고 싶다.

수필집 『고쳐 지은 제비집』 중에서

아버지 방에는 친구들로 늘 붐볐어

엄마, 남동생과 함께 큰방에 있었지. 사랑방에는 아버지의 친구 대여섯 명이 놀았어. 갑자기 밖이 소란스러웠어. 골목에 나가볼 엄두조차 못 냈어. 뚫린 문구멍으로 내다볼 때는 어른들이 잡혀간 뒤였어. 겁에 질려 꼼짝 못 하고 있었지. 한참 뒤에 누군가가 아부지의 시신을 업고 오더군.

"돌아가신 아버지는 어디를 다쳤는지요?"

"직접 보지 못했어. 엄마에게 들은 얘긴데, 칼날이 옆구리를 관통했다 하더라고. 작은아부지도 같은 날, 화를 당했어. 하룻밤에 아부지와 작은아부지를 함께 잃었어. 우리 집 외에 형제가 사망한 사람이 또 있잖아?"

이해봉·이경조 형제도 같은 날, 같은 장소에서 사망했다.

"장례는 어떻게 치렀지요?"

"어떻게 연락이 닿았는지 시천동에 사는 진외가 식구들이 와서 장례를 치렀어. 관은 생각할 수도 없고 돗자리에 둘둘 말아 붉은디[34] 밭에 묻었어. 작은아부지와 함께. 삼촌은 장가들고 얼마 되지 않았지. 그때 작은 엄마 뱃속에

34) 지명

는 만삭된 태아가 있었어. 그 애는 자기 아부지 죽고 한 달 뒤에 태어났지. 그가 바로 사촌 동생 배유순이야. 의지할 곳 없는 동생을 외가에서 보살폈어. 남동생 '정화'는 마을에서 천재라고 소문났지. 아버지가 살아계셨더라면, 상급 학교에 보내어 큰 자리 하나 해 묵었을 낀데. 동생마저 명이 짧아 일찍 죽었어. 참 아까운 동생인데."

초등학교 선배인 배정화는 머리가 뛰어났다. 내가 열세 살 때, 그와 함께 박원효 훈장에게 천자문·동몽선습·명심보감을 배웠다. 책거리에 앞서 책을 덮어둔 채, 윗몸을 좌우로 흔들며 처음부터 끝까지 막힘없이 외웠다. 놀라웠다.

15. 사망자 배명규 34세. 장녀 배정숙 8세. 경북 영천

새색시를 데려놓고

새색시를 집에 데려놓고 작은아버지는 화를 당했어. 삼촌은 일본 징용에 끌려갔다 돌아온 지 얼마 되지 않았어. 사건 나기 일 년 전, 같은 마을에 장가를 들었지. 결혼하여 일 년을 묵혀 신부가 시집오는 것이 그때의 풍습이잖아? 돌아가신 삼촌은 잔치에 놀러 온 고모를 동촌까지 모셔드린 뒤, 사랑방에 놀러 갔어. 우리는 두런두런 이야기꽃을 피우고 있었고. 공비들이 방문을 왈칵 열면서

"돈을 내놓아라." 윽박지르더군.

"우리 집은 가난하여 줄 돈이 없다"며 할매는 말했어. 놈들은 삼촌이 일본에서 가져온 가방을 마구 뒤져, 자루에 담아 넣더라고. 불을 지르라는 놈들의 소리에 마구간에 소를 몰고 나왔어. 최재현의 논 마당에 말띠기[35]를 박고 이까리[36]를 맸지. 동네 사람들이 많이 죽었다는 소리를 듣고 논 마당에 가봤어. 시체가 즐비하고 아수라장이야. 목과 배에 칼을 맞아 돌아가신 삼촌을 찾아 공비알[37]에 묻었어."

"숙모는 결혼한 지 일 년을 겨우 넘겨 홀몸이 되셨군요?"

"그렇지. 얼마나 참담했겠노? 우리 집에 얼마 동안 계시다 재혼했어. 슬하에 자녀가 없으니 연락할 일도 없고."

큰 조카인 배영호의 이야기다.

"사건 터질 즈음, 철공소에 취직하여 대구에 있었어. 작은아버지가 돌아가셨다는 소리를 듣고 이튿날 집에 왔지. 마을 전체가 잿더미가 되고 핏자국이 어지럽게 늘렸더군. 눈 뜨고 볼 수 없더라고."

16. 사망자 배복식 27세. 조카 배정호 13세. 경기도 일산
조카 배영호 16세. 경기도

---

35) 말뚝
36) 고삐
37) 신한리 지명

증인 형제가 놀았던 사랑방의 추억

사건이 터진 후에도 그 집 사랑방에는 또래의 청년들이 많이 놀았다. 놀이 문화가 변변찮았을 때다. 내기를 자주 했다. 주로 먹는 내기였다. 국수·찹쌀모찌·삶은 달걀 등이다. 찹쌀떡 백 개를 먹는 내기가 벌어졌다. 참여한 사람은 앞집에 사는 '이육지'였다. 체구가 큰 그는 식성도 좋았지만, 우직했다. 다 먹으면 그만이고, 먹지 못하면 몇 배로 변상해야 하는 것이 내기의 조건이었다. 찹쌀떡 백 개를 어떻게 먹을 수 있겠는가? 주린 배를 채우고자 선뜻 나섰으리라. 지금 생각하면 웃지 못할 위험한 놀이었다.

의협심이 강한 삼촌은

주위가 어수선하여 어머니는 나에게 어서 방으로 들어가라고 채근했어. 희생당한 삼촌은 강단이 컸어. 삼촌은 구룸마[38]를 끌고 하양장에 갔다 오면서 우리 집에 들렀더군. 엄마가 내어놓은 농주 한 사발을 맛나게 드시고 아버지와 함께 사랑방에 갔어. 삼촌은 정미소 마당에 끌려가 막다른 골목에서 당했어. 공비에게 내항하다 더 많이 다쳤지. 무자비한 놈들의 칼날은 삼촌을 난자했어. 그들은 삼

38) 소달구지

촌이 현장에서 죽은 줄 알았던 모양이야. 공비들이 물러간 뒤, 정신을 차린 삼촌은 태촌 어른 집 쪽으로 피신했어.

태촌 어른이 칼에 찔린 삼촌의 배와 손바닥을 바뿌제[39]로 둘둘 말아 짚동 사이에 숨겨줬다 하더군. 작은아부지는 이내 돌아가셨어. 피를 너무 많이 흘렸고, 칼날이 명치를 관통했어. 의료·통신·교통수단이 없어 별도 조치를 취할 수 없었으니. 요즘 같았으면 살릴 수도 있었을 터인데. 어머니는 정신없이 불을 껐어. 요행히 가옥 전체는 불타지 않았어. 이튿날, 군경이 현장을 검색했을 때 방차암 어른의 떨어져 나간 손목을 정미소 앞, 도랑에서 발견했어.

"아버지는 어떻게 무사했는지요?"

"아부지는 그날 저녁 왠지 일찍 집에 오고 싶었다 카더라고."

아들 배영수는 당시 4살이었다. 사촌 형님이 이야기한 내용이 아는 것의 전부라고 했다. 그는 수필가이자 시인이다. 사건에 관련한 글을 여러 편 썼다.

17. 사망자 배암구 32세. 조카 배영규 13세
아들 배영수 4세

39) 보자기

까만 비석

마을 앞 언덕배기에 비석이 한 기 서 있다. 팔공산맥 발치에 아늑하게 터 잡은, 농촌치고는 비교적 큰 시골 동네, 박사리이다. 마을을 굽어보고 있는 이 비석이 육십여 년 전 어느 날의 끔찍했던 한 사건을 말해주고 있다.

해마다 10월이 기울 무렵이면 평소에 까막까치들의 놀이터인 이곳이 부산해진다. '박사사건'으로 불리는 참극의 현장에서 희생된 이들의 영혼을 위로하는 위령제가 열린다. 지금 이 화강암 비석 앞에 유속, 관내 기관장, 군악대와 의장대 등 많은 사람이 모여 있다. 나도 유족 석에 앉아 있다.

대한민국 정부 수립 이듬해인 1949년 늦가을, 150여 호의 초가들이 어깨를 맞대고 있는 한적한 이 마을은 수확의 기쁨에 젖어 있었다. 밤이 일찍 찾아오는 농촌은 노인들과 부녀자들을 일찌감치 잠자리에 들게 했고, 청·장년들은 초당에 모여 이슥한 가을밤을 호롱불에 태우고 있었다. 초 열흘, 초가지붕의 박꽃이 소복처럼 하얗던 밤 9시경, 팔공산에 은거 중이던 공비共匪들이 어스름 달빛을 타고 이 마을을 덮쳤다. 마을은 순식간에 불길에 휩싸이고 추수가 끝나 휑한 논바닥에 흰옷의 주검들이 어지럽게 흩어져 있었다. 또 돌담이 길게 이어진 골목에는 부상을 당한 사람들의 신음과 가족들의 울부짖음으로 아비규환이었다.

가을밤의 정적을 뒤흔든 짧은 순간 38명의 청·장년들이 목숨을 잃었고, 28명의 부상자와 백여 채의 보금자리가 불길에 휩싸였다. 공비들은 주민들을 동네 앞마당에 강제로 모이게 한 후 무방비 상태의 농민들을 무참히 짓밟았다.

팔공산 주위의 여러 마을 중 박사리가 표적이 된 것은 아랫마을의 도××의 세 치 혓바닥 때문이었다. 땔감을 채취하러 간 이 나무꾼이 공비들에게 붙잡혀 가까스로 풀려나면서 후환이 두려워 자신의 주거지를 박사리로 허위 진술했다. 당연히 도××는 지서에 신고했고 군경 합동 작전으로 사살 78명, 생포 7명의 전과를 올렸다. 이때 도주한 공비 잔당들은 전열을 재정비한 후 나무꾼이 산다는 박사리를 보복 공격한 것이다. 이 억울함은 내가 현실을 바로 보기 전까지 나를 지배했고, 잘못 놀린 혓바닥을 응징하려 했다. 하지만 마을 사람들은 정부 수립 직후의 불안한 치안 탓으로 체념한 듯했다. 나도 지금까지 도××를 한 번도 본 일이 없다.

내 어머니는 악몽의 그날, 출산일을 며칠 앞둔 만삭의 몸이었다. 지아비의 주검을 확인한 어머니는 혼자 불타는 집안으로 뛰어들어, 갓 추수한 볏 가마를 마당으로 내던져 불길을 막았다. 스물아홉 파란 나이에 지아비를 잃고 철부지 하나와 유복자 하나를 데리고, 큰댁 사랑채에서 가장의 몫까지 다 해야 했던 어머니는 강한 여자였다. 나는 이런 어머니가 세상에서 가장 소중하고 자랑스러웠다.

어렸을 적 내가 몸서리치게 듣기 싫었던 말은 "느그 어미 다른 집에 살러 가라 칸데이…"였다. 이 말을 듣는 순간 온몸이 죄어들고 그 말을 하는 사람들이 그렇게 미울 수가 없었다. 나는 늘 어머니를 두려워했고 사춘기에 접어들자 내 어머니가 자상한 엄마는 아니라는 생각을 지울 수가 없었다. 고등학생 때 구미에 있는 친구의 생일에 초대받아 간 일이 있다. 친구의 부모는 그때 이순을 훨씬 넘기신 노인으로, 장성한 아들을 무릎에 앉히고 좋아하시던 모습이 지금도 선하다. 한 번도 어리광을 부려보지 못한 나로서는 생경하고 가슴이 멍해졌다. 집으로 오는 버스에서 친구의 어머니가 싸준 떡 보따리는 나의 눈물로 촉촉했다.

악몽의 그날, 나는 아비를 잃고 보금자리마저 잿더미가 된 평호댁 세 살배기 장남이었다. 이웃 노인의 등에 업힌 채 꿈결처럼 기억하는 '박사사건'….

몸서리치던 참극이 있은 지 육십여 년이 흐른 지금도 한반도의 허리는 여전히 가시 철망에 묶인 그대로다. 북쪽의 권력 세습 집단은 핵 카드로 위협하고, 남쪽에서는 종북주의자들이 설치고 있다. 붉은 사상을 세습한 종북주의자들은 교육현장에서 청소년들에게 그들의 사상을 세뇌하느라 혈안이 돼 있다. 또 빨간 주사약에 취한 한 무리는 기가 막히게 여의도에 입성하여 "종북이 아니라 종미가 문제다."라며 궤변을 늘어놓고 있다.

지금 이 땅의 현실은 참극이 빚어진 그때와 달라진 것은 없는 것 같다. 한 가지 있다면 참상을 겪은 이들이 하나둘 사라지고, 그날의 참상에 대한 기억이 흐려지고 있다는 것이다. 위령제에 참석하여 '우리의 소원'을 부르고 있는 초등학생들의 시선이 사방으로 흩어진다. 이 아이들은 까만 비석 앞에서 열리고 있는 위령제를 어떻게 이해할지 궁금하다.

이 새싹들이 장성할 때쯤이면 155마일 철책이 걷힐 것인가. 그날이 오면 까만 비석이 말하는 그날의 참상은 한 토막의 전설처럼 들릴지도 모른다.

배영수. 2012.11월호『한국수필』게재

징검다리를 건너면서 아버지는 무엇을 생각했을까

초등학교 4학년이었어. 사건이 터지기 두 달 전, 9월쯤일 거야. 생포한 공비 한 명을 보았어. 공비는 신한동 간이학교 울타리 앞에 쭈그려 앉아 있더군. 총을 든 군인이 지키고 있었고. 부상한 공비는 무척 괴로워하는 모습이었지. 망원경과 기관총도 처음 구경했어.

"열한 살이었으니 그날의 기억이 뚜렷하겠군요?"

"그렇지. 기억에 생생해. 당일은 영천에 있는 친척의 결혼식 날이야. 고모님과 먼 친척들이 우리 집에 모였어."

느닷없이 낯선 사람 여러 명이 총을 겨누며

"주인 어디 갔느냐?"고 다그치더군.

"아버지는 박부동 어른과 거랑 건너 대동리 구판장에 술을 자시러 갔어. 불길이 하늘을 치솟는 것을 보고 아버지는 허겁지겁 징검다리를 건너왔어. 그때는 다리가 없었지. 홍수가 나면 징검다리는 제구실을 못 하잖아. 정신없이 건넜을 아버지의 바지는 물에 흠뻑 젖었을 거야. 아버지는 놈들에게 붙잡혀 홰나무보[40]에 끌려가 변을 당했어. 가슴에 총을 맞고, 얼굴에도 큰 상처를 입었어. 아버지는 놈들이 그토록 악랄하게 죽일 줄은 몰랐을 것 같애. 돌아가신 아버지를 이웃 어른이 업고 들어왔어.

그스음, 삼촌네 집은 불이 활활 타고 있었어. 우리 집을 향해 넘어오는 불길을 향해 마구 물을 뿌려 댔지. 다행히 우리 집은 불타지 않았어. 다음 날 외가에서 장례를 치렀어. 경황이 없어 땅을 파고 묻기 바빴어. 공산주의, 말만 들어도 치가 떨려. 스물여섯에 군에 입대하여 월남전에 자원했지. 참전 유공자 증서를 받았어. 이것이 돌아가신 아버지께 조금의 위로가 됐으면 좋겠네."

18. 사망자 배종희 32세. 장남 배일수 11세. 영천시 범어동

---

40) 빅사리 수원지

추억의 징검다리

고인이 자주 건넜던 징검다리는 추억이 짙게 배어있다. 팔공산에서 내려오는 거랑에는 징검다리가 여럿 있었다. 강물이 정강이에 차오르면 드러나는 소녀들의 뽀얀 속살, 소년의 가슴은 콩닥이지 않았던가. 지난날, 팔공산은 옷을 벗고 있었다. 장대비가 퍼 불 때면 누런 흙탕물이 쏜살같이 달려왔다. 성난 물결이 잡아먹을 듯 휘돌아 치면 학교는 자동으로 쉰다. '소나기야 퍼부어라. 물동이로 퍼부어라.' 마음속으로 노래했다. 놀기 좋아한 철없던 시절이었다. 징검다리는 시멘트 다리가 놓일 때까지 많은 추억을 만들었다. 사건이 터지던 날, 정신없이 돌다리를 건넜을 때, 임의 핫바지는 흠뻑 젖었으리라.

어머니 뱃속에서 울었다

조심스럽게 전화를 걸었다. 그녀는 사건이 났을 때 어머니 뱃속에 있었다. 소위 유복자다. 그녀의 살아온 여정을 묻는다는 자체가 마음 아팠다.

"엄마 뱃속에 웅크리고 있었으니 무엇을 알겠어요? 그저 들은 이야깁니다. 그날 아버지는 집에 계셨데요. 주위가 스산하여 아버지께 밖에 나가지 못하도록 엄마가 말렸데요."

"형님이 논 마당에 끌려간 것을 알면서 어찌 집에 있겠노? 아버지는 큰아버지를 찾으러 나갔다가 놈들에게 붙들렸어요. 여느 사람처럼 논에서 칼에 맞아 돌아가셨어요. 엄마 말씀만 들었더라면…."

"그 후의 삶은 어땠나요?"

"갓난아기인 나는 능성동 외할머니가 키웠어요."

"어머니의 충격이 무척 컸겠군요?"

"어떻게 말로서 형용하겠어요. 나를 낳고 친정과 시집을 오갔지요. 돈벌이에 나선 엄마가 지친 몸을 끌고, 나에게 젖을 물릴 때, 피눈물을 흘렸겠지요. 젊은 나이에 남편 잃은 어머니는 나를 의지하고 평생을 수절하겠다고 말했대요. 그럴 적마다 외할매는 엄마의 고집을 꺾고자 무척 힘들었대요. 비록 재혼했지만, 자주 친정에 들러 나를 보살폈어요. 열 살쯤 나이 많은 외삼촌이 오빠처럼 잘 대해줬어요. 여덟 살에 초등학교에 들어갔지요. 학교 선생님이 마을마다 다니며 이름을 적어 바로 입학하던 시절이었지요. 외가에서 공부하고, 외가에서 결혼했어요. 시집가서 삼 남매를 낳아 길렀지요. 남편은 내가 마흔네 살 때 저세상에 갔어요." 한숨 소리가 명주실처럼 길고도 질기게 다가왔다.

전화 접촉은 여러 차례 있었지만, 직접 만나고 싶었다. 그녀가 근무하는 곳을 찾았다. 그곳에는 여러 명이 일을 하고 있었다. '저 여인이 배유순이구나.' 단번에 알아차렸다. 누가 먼저랄 것 없이 서로의 손을 잡았다. 첫 만남이지만, 어색하지 않았다. 같은 해, 같은 마을에서 태어나지 않았는가? 알 수 없는 교감이 67년이란 긴 세월의 장벽을 허물었다.

그녀는 원숙미를 풍겼다. '여인의 나이 스물까지의 모습은 부모님의 물려준 선물이라면, 그 뒤의 얼굴은 안으로 살피고 닦은 소양이 밖으로 풍긴다'고 했다. 일찍 뱃속에서 아버지를 여의고, 사십 대 초반에 남편을 보냈다. 세 자녀를 키워온 삶이 만만하지 않았을 터인데…. 고난의 길을 걸어왔을 터지만, 그녀의 모습은 건강하다. 파전에 막걸리를 들이켜며 이야기보따리를 풀었다. 오래된 지기처럼 편안하다. 묻어놓은 이야기를 실타래처럼 풀었다. "자주 연락하자"는 말을 던지고 문을 나설 때, 맛 나는 시루떡 봉지를 나의 손에 쥐여 준다. 마음 씀씀이가 따사롭다.

19. 사망자 배치규 31세. 딸 배유순 태아 9개월. 대구시 수성구

달아나는 어머니를 잡으려 했지만

장독 터지는 소리, 닭 우는 소리가 요란하더군. 나는 엄마의 손을 잡고 동생(배석기)은 엄마 등에 업혀 큰 골목으로 나왔어. 벌써 마을은 불바다가 됐어. 우리 집에서 나오면 바로 논이지. 어린 눈에 봐도 벌써 열댓 명이 죽어 있었어. 공비들은 사이사이 죽창을 들고 보초를 서 있었고. 그

들은 쥐꼬리만 한 양심은 있었는지 박춘발 어른은 돌려보내더라고. 머리가 하얬으니 연세가 들어 보였을 것 같애. 육십 세 이상은 죽이지 않았다고 했으니까. 나머지는 다 죽였어. 수습하지 못한 일부 시신은 교회로 옮기더군. 한참 시간이 흘렀어. 주검들 위에 태극기를 덮어 놓았더군.

"아버지가 안 계신 어린 시절을 어떻게 보냈는지요?"

"큰집에서 살았지. 열여섯에 고모아재가 운영하는 영천, 목공소에 취직했어. 동생은 친척뻘인 양춘당 약방에서 일을 거들었고. 일흔이 훌쩍 넘은 지금도 끌과 대패는 나의 손을 떠날 날이 없어. 목구멍이 포도청이라."

"어머니는요?"

"어머니는 몸이 아프다며 외가에 자주 오갔어. 그때 새아버지가 생겼을 것 같애. 내가 여덟 살 되던 가을날, 참새를 쫓으라며 들판에 보내놓고는 엄마는 사라졌어. 엄마를 잡겠다며 무작정 하양 쪽으로 내달았지. 흘러내리는 바지를 손으로 움켜잡고 달려 보았지만, 어머니를 잡지 못했어."

"그 후 어머니를 만난 적 있는지요?"

"엄마가 보고 싶어 김천시 농소면에 있는 외가에 찾아갔어. 엄마의 행적을 알 수 있을 것 같아서. 어머니는 충북 영동에 시집갔더라고. 외할배가 몇 차례 엄마에게 편지를 냈지만, 답장이 없었어. 어느 날, 논을 매고 있으려니 의붓아버지가 찾아왔어."

"네가 홍기냐?" 의붓아버지의 물음에 이상한 마음이 들더라고. 뒤이어 어머니가 왔어. 그렇게도 사무치던 엄마를 십 년 만에 만났지만, 별 감정이 없었어. 그냥 무덤덤하더라고. 김천역에서 어머니와 이별했지. 어머니는 북쪽으로 가고 나는 남쪽으로 돌아섰지. 막상 헤어진다고 생각하니 마음이 짠했어. '너는 상행선 나는 하행선' 이란 노랫말이 생각나네. 어머니는 아직 살아계셔. 아흔이 넘었어."

20. 사망자 배해술 35세. 아들 배홍기 7세. 경북 영천

남편은 공비에게 죽고, 자식은 홍역에 잃었다

태어나기 오 년 전 일이라 아버지와 할머니께 들은 것이 전부입니다. 돌아가신 큰아버지는 결혼한 지 이 년 되었지요. 백부님도 사랑방에 놀러 갔다 정미소 마당에서 참변을 당했어요. 사건 당시 돌 지난 아이가 있었습니다. 큰어머니는 아이를 데리고 영천시 화산면에 있는 친정 곳에서 살았어요. 아기마저 홍역으로 죽었어요. 아기가 살아있을 때는 발걸음을 자주 했지만, 아기를 잃고 난 뒤에는 걸음을 끊었어요. 물론 재혼을 했지요. 재혼한 큰어머니는 혼인 신고를 하지 않은 채 살았나 봐요. 서기 2,000년 경에 호적을 정리했어요.

신봉환은 이명박 정부 시절, '국민권익위원회'에 진정서를 제출할 때 유족회장과 더불어 노력을 기울였다. 위원회의 요청에 따라 관련 서류를 보냈지만, 아무런 응답이 없었다고 술회했다.

21. 사망자. 신상주 23세. 조카 신봉환

딸마저 정신을 놓다

돌아가신 분은 저의 칠촌 아잽니다. 정미소 마당에서 죽임을 당했지요. 재종 할아버지는 사건 당시 만주에 있었습니다. 신영문 아재는 홀어머님 밑에 자랐어요. 장가를 들어 슬하에 딸 하나가 있었지만, 정신이 온전하지 못했어요. 사건 때 받은 충격일 것 같다고 전해 들었습니다. 딸은 돌림병에 걸려 오래 살지 못하고 죽었대요. 아재의 여동생이 가끔 친정에 올 때면 늘 우리 집에 자고 갔지요. 저와는 팔촌 사이지만, 가장 가까운 친척이었으니까요. 아재를 대동리 묘골 선산에 묻었어요. 벌초할 후손이 없어 내가 벌초를 했습니다. 아재의 생질녀가 개장 후, 화장했어요.

22. 사망자 신영문 33세. 소카 신봉환. 박사리

집 봐주러 갔다가

아버지는 고모 집을 봐주러 박사리에 갔다가 변을 당했어. 놈들이 불이 켜진 집을 습격할 때 붙잡혔어. 아버지가 흉기를 맞고 돌아가신 곳은 정미소 마당이야. 교회에 옮겨 놓은 아버지의 시신을 큰아버지가 모시고 왔어. 장례를 어떻게 치렀는지, 더는 생각 안 나. 어린 아들에게 아버지의 험한 모습을 보지 못하게 한 것 같애. 고모는 자기 때문에 남동생이 죽었다며 땅을 치며 울었다더군. 남동생을 잃은 고모의 슬픔도 컸겠지만, 어찌 어머니에 비할 수 있을까. 아버지는 힘이 장사였는데….

"그 뒤, 생각에 남은 것은 없는지요?"

"우리 집 뒷산에 22연대 장병들이 진지를 만들었어. 박사리를 향해 망을 본 거야. 6·25 때까지 계속 주둔했어. 어릴 적 숨바꼭질하고 놀았어."

22연대가 주둔 했던 숲골 뒷산을 올랐다. 야트막한 산이지만, 박사리를 한눈에 조망할 수 있었다. 막사를 설치한 자리는 움푹 팬 채 평퍼짐하게 닦아놓았다. 참호는 67년 기나긴 비바람에 거의 흔적을 감추었다. 이 초소에서 마을 청년들이 조를 짜 보초를 섰다.

더 자세한 증언을 듣고자 둘째 딸인 윤분연을 만났다.

"집에서 놀고 있으니, 박사리에는 불꽃이 하늘을 치솟았어. 엄마는 집을 봐주러 가신 아버지가 걱정됐는지 안절부절못했어."

"너그 아부지 왜 아직 안 돌아오노?" 걱정하며 박사리에 건너갔어. 이미 박사리는 쑥대밭이 되었어. 고종사촌 동생이 숨었다 나오면서 외삼촌은 죽었다고 하더래. 동사에 옮겨 놓은 시신을 그 이튿날 옮겨 정싯골[41] 못 안에 장례를 치렀어. 경황이 없어 봉분을 제대로 다듬지 못했지. 어머니는 아버지의 산소를 자주 찾았어." 산소에 다녀온 어머니는 "야시가 무덤을 마구 파헤쳐 놨다."며 땅이 꺼지도록 한숨을 내 쉬더라고.

윤금출은 박사사건에 희생된 외부인 3명 중, 한 사람이다.

23. 사망자 윤금출 44세. 장남 윤대해 6세. 와촌면 대동리
차녀 윤분연 10세. 대구 동구

41) 지명

처절했던 어머니의 삶

희생자 윤봉근

깊은 잠에 빠져있었어. 잠을 깨우는 할머니의 다급한 목소리에 깨어나니 벌써 우리 집은 불타고 있었지. 정신없이 뛰쳐나왔어. 논 마당에 짚단을 깔고 이불을 덮어쓴 채 몸을 피했어. 무서워서 떨고 추워서 떨었어. 어머니는 맹렬하게 타는 불길 속에서 헤매며 가재도구를 챙겼지만, 건져낸 것은 고작 몇몇 옷가지와 식량 몇 됫박이 전부였어. 할아버지는 피투성이가 된 아버지 시신을 수습하였지만, 위채·아래채·헛간채가 화마에 휩싸였기에 이웃집에 모셨어.

마을 전체가 피바다가 되었으니 장례도 제대로 치를 수 없었어. 헤진 가마니와 멍석 자체가 관이었지. 절차나 의례를 차릴 겨를이 없이 묻기 바빴어. 나는 아랫마을 덕촌리, 외당숙 댁에 피신한 터라 아버지 얼굴도 보지 못한 채 장례가 치러졌어. 맏이로서 상주 노릇 제대로 못 한 것이 여태 한이 돼. 당숙과 재종조부가 함께 희생을 당했기에 친척의 도움을 받을 수 없었지. 해서, 진외가·외가의 도움으로 겨우 장례를 마쳤어.

"어린 나이에 가장 노릇이 쉽지 않았을 텐데…?"

"헤쳐 나온 삶은 형언할 수 없어. 단칸방에 조부모와 어머니, 동생 둘, 여섯 명이 생활했지. 시부모와 한방에 거처하신 어머니가 얼마나 불편했겠어. 거처할 공간이 없어 일 년 동안 동사에서 살았지. 할아버지는 새로운 집터를 정했지만, 마을에서 멀리 떨어졌다는 이유로 할머니는 한사코 반대했어. 하도 세상이 어지럽고 위험했으니까. 남의 땅과 흥정하여 마을 복판에 집터를 마련했어. 집을 짓고 난 다음, 어린 동생들과 함께 돌을 나르고 흙을 짓이겨 담을 쌓았지. 담을 완성했을 때, 우리 가족은 감격의 눈물을 흘렸어."

"어머니 고생이 컸겠군요?"

"스물여덟에 지아비를 잃은 어머니의 가장 노릇은 피눈물이 났을 거야. 위로는 늙은 시부모, 아래는 어린 세 아이를 양육하려니 앞이 캄캄하지 않았겠나? 하루에도 몇 차례 세상을 하직하고 싶은 충동이 일어났겠지만, 새끼들이 눈에 밟혀 질긴 목숨 버리지 못했다더군. 남성네도 버거운 농사일부터 맬감 장만까지. 어머니는 이를 악물고 모든 것을 종교에 의지했어. 철 따라 삼베·양잠·무명베 길쌈하여 생활을 꾸려나갔지. 큰 자식 하나라도 공부를 시키겠다며 할아버지와 다투는 것을 여러 번 봤어. 나는 언제부터인가 가장이 되기를 결심했지. 맏이인 나 대신, 남동생을 상급학교에 보내겠다고.

어머니는 사건 날, 불을 끄면서 마신 연기로 인해 기관지가 약해졌고, 아버지를 잃은 것이 한이 되어 화병·심장병·간경화로 가녀린 몸이 허물어져 내렸지. 어머니는 평생, 병마와 씨름하다 세상을 하직했어. 국문을 깨친 어머니는 사돈 간에 주고받는 편지를 도맡아 써 주곤 했지. 호강 한 번 제대로 시켜드리지 못한 것을 생각하면 가슴이 아려."

"나라에서 보상이 없었는지요?"

"구호품 정도가 전부였어. 훗날 대구에 사는 친척에게 들은 얘기야. 우리 마을 이야기가 온 나라에 알려져 모금운동을 벌인 것으로 알고 있어. 옷가지나 구호품은 받았지만, 위로금을 받은 사실은 전혀 없어. 사건이 일어나고 칠 개월 만에 6·25가 터졌지. 아무리 혼돈의 시대였다지만, 예나 지금이나 악덕 관리들은 기생충처럼 발붙이고 있었을 모양이야."

"엄청난 재난을 당했음에도 국가가 내버려 뒀군요?"

"그렇지. 너무 억울해. 지금까지 나라로부터 아무런 보상이 없는 채 오늘에 이르렀어. 돌아가신 분들에게 죄스러워. 안타까울 따름이야."

윤성해 씨는 현재 유족회장으로서 생존자와 유족들을 보듬고 있다. 한국자유총연맹에서 주관하는 추모제에 몸소 제수를 준비한다. 억울하게 희생당한 영령들의 보상 마련을 위해 노력하고 있다. 공비들이 주둔한 팔공산 양시 골짜기에 상징물을 건립하여 반공희생자위령비추모공원과 더불어 이곳을 '애국의 현장'으로 만들고자 힘을 기울이고 있다.

24. 사망자 윤봉근 32세. 장남 윤성해 8세

아들 하나 바라보며 평생을

하금연 할머니를 찾았다. 생후 삼 개월 된 아들을 데리고 평생을 수절한 여인이다. 방문했을 때 아들 윤성열과 함께 반갑게 맞아주었다. 사건 이야기를 들먹이니 깊게 팬 주름에 눈물이 번졌다.

"나이 열여덟에 결혼했어. 결혼하고 일 년을 묵혀 시집을 갔지. 음력 10월 15일, 시댁에 가야 할 날을 받아놓고 있었어. 사건이 터진 다음 날 아침, 신랑이 죽었다는 연락을 받

미망인 하금연

았어. 날벼락 같은 소리를 듣고 억장이 무너지더군."

꿀꺽 울음을 삼킨다.

"남편의 사망 소식을 듣고 바로 시집에 가셨나요?"

"친정아버지는 위험하니 가지 말라고 하더군. 그러나 우짜겠노? 신랑이 죽었으니 상주 노릇은 해야지. 친정엄마는 성열이를 업고 아버지와 함께 시가에 갔어. 남편은 장례를 치르지 못하고 있더군. 상주인 내가 갈 때까지 기다리고 있었어. 다른 사람은 바로 장례를 치렀지만, 우리 영감은 삼일장을 치른 셈이야."

"어린아이를 데리고 어떻게 생활을 꾸렸는지요?"

"말로 다할 수 없어. 소설을 써도 몇 권 쓸 거야. 남편은 새집을 짓고자 기둥과 서까래를 모두 장만해 놓았지. 신접살림을 꾸려 보겠다는 꿈은 물거품이 되었어. 좁은 시아주버님 집에 열두 명이 살았지. 눈치가 보여 못 살겠더라고. 그를 본 사촌 동서(남계선)가 허름한 방을 구해 줬어. 나를 자주 불러 밥도 먹게 하고. 그 형님도 사건에 남편을 잃었어. 방을 얻어 살림을 차릴 때, 큰집에서 보리쌀 한 말, 땔감 몇 단이 전부였어. 이듬해 6·25가 터지고 두 해 동안 심한 흉년이 들었지. 조밥을 지었는데, 까끄라버[42] 목구멍에 넘어가지 않더군. 살을 에는 겨울에는 방 안에 요강단지가 꽁꽁 얼어붙었어. 깊은 산에는 무서워서 못 가고 가까운 강가에 잡풀을 베어 땔감으로 사용했어."

"시집살이 마음고생을 많이 하셨군요?"

"시부모보다 시아주버님 시집을 혹독하게 살았어. 짚을 태우고 난 뒤, 남은 불씨를 단도리[43] 제대로 못 했다며 한나절 동안 잔소리를 하는 거야. 너무 서러워 무작정 친정으로 도망쳐 왔지. 남의 눈에 띌까 봐 어둑할 무렵 친정에 들어갔어." 일 년 뒤쯤이야. 둘째 시아주버님이 이렇게 말했어.

"집을 지어 우리 가족과 함께 살자. 조카가 크면 제수씨에게 집을 주겠다"고 하더군. 그것도 흐지부지되었어. 딱한 사정을 전해 들은 친정아버지는

"죽을 먹더라도 같이 살자"며 친정에 데려갔어.

"그 뒤의 생활은요?"

"대구에 사는 고종사촌 주선으로 과자 공장에 취직했지.

---

42) 거칠다

43) 단속의 이래어

사탕과 과자만 만드는 것이 아니라 잡일까지 시키더라고. 밥도 하고, 서답[44]도 빨고 식모 노릇 마찬가지야. 모습이 안쓰러웠던지 베 짜는 공장에 취직을 시켜줬어. 아는 언니와 좁은 하꼬방[45]에 함께 먹고 자고 할 때였지. 친정어머니가 아들을 데려가라고 하더군. 또래인 올케 아들과 자주 싸웠다 카더라고. 아들을 데리고 나올 때, 눈물이 얼마나 쏟아지던지…. 다리도 제대로 뻗지 못할 골방에 세 명이 살았어. 친구와 더불어 밤낮을 교대하며 공장에 다녔지. 번갈아가며 아들을 키웠어. 봉급도 제때 나오지 않더라고. 하는 수 없이 도시생활을 접고, 친정 곳에 뿌리를 내렸어. 아들이 열심히 일한 덕에 남부럽지 않게 살고 있어."

아들 윤성열의 말이다.

"네 살쯤 되었을 거야. 배가 너무 고파 이웃집 쌀독에 쌀을 몰래 퍼먹다 들켰어. 팔이 닿지 않아 검정 고무신을 거꾸로 잡고 쌀을 퍼냈지. 주인이 엄마에게 일러바쳤을 때, 엄마의 일그러진 모습을 여태 잊을 수가 없어. 엄마는 나를 때리지 않았으나 사촌 누나에게 호되게 맞았어."

25. 사망자 윤재만 25세. 아내 하금연 19세. 현 87세
아들 윤성열. 생후 삼 개월. 영천시 화산면

---

44) 빨래의 방언
45) 판자집

장가도 들지 못한 채

총각이었다. 물론 후손도 없다. 집은 질구디[46]였다. 하장술 어른 집의 고용인이었다. 주인집, 아래채 사랑방은 머슴과 또래의 일꾼들이 놀았던 장소이다. 놈들이 지목한 그곳에는 공비들이 직접 쳐들어갔다. 일부는 논 마당에 끌고 갔고, 도망칠 기미가 보이는 몇 사람은 현장에서 처형했다. 집주인도 그날 변을 당했다. 지주로 지목되어 공비들이 노리고 있었을 터다.

일가친지가 없어 자세한 상황을 듣기 어려웠다. 나이 지긋한 사람의 들려준 이야기가 전부이다. 그의 가족 관계를 밝히고자 노력했지만, 확인할 수 없었다. 돌아가신 분은 생활의 터전을 마련코자 이곳저곳을 떠돌다 박사리에 삶의 터전을 잡았을 터이다. 그의 형은 꼽추였다. 엿판을 지게에 얹어 이 마을 저 마을 다니며 엿을 팔았다. 더는 추직힐 딘시를 찾지 못헤 취계를 접은 수밖에 없었다.

26. 이동식 20세. 증언, 최금택 박사리

46) 박사리 입구 지명

머슴살이한 형제는 같은 날, 같은 자리에서 죽었다.

이경조는 갓 결혼하여 추동 할머니 집에서 신접살림을 꾸렸다. 머슴살이하였지만, 부부 금실이 좋았다. 그는 바로 집 앞 논에서 피해를 보았다. 아들 한 명을 두었지만, 돌림병에 걸려 죽었다. 아내는 바로 재혼했다.

같은 날 죽은 이해봉은 이경조의 동생이다. 와촌면장을 지낸 황영식의 집에 머슴살이했다. 집은 서당각단이다. 역시 논 마당에 끌려와 죽임을 당하였다. 그에게는 후손이 없다. 박사사건에 형제가 죽은 가정이 둘이다. 그 가운데 한 가정이다.

구미에 사는 조카 이대중의 이야기를 들었다.

"내용을 전혀 몰라요. 다만 삼촌 두 분이 사건 때 돌아가셨다는 말만 들었어요. 저가 벌초를 해왔어요."

위령비에 새겨진 희생자 명단에는 이경조로 되어있다. 호적부에는 이영조이다.

27~28. 사망자 이경조(이영조) 29세, 이해봉 30세. 형제임
조카 이대중 구미. 이웃 최금택 박사리

무공훈장에 빛나는 참전 용사

신한리에 사는 연세 높은 어른을 찾았다. 전·후 사정을 알 수 있으리라 생각했기에. 어른은 나이보다 정정했다. 자전거를 타고 십여 리 떨어진 경로당에 출입한다. 6·25 참전 용사이다. 권총을 찬 늠름한 모습과 무공 훈장이 벽면에 걸려 있다.

6 · 25 참전 용사 김수찬

"어르신, 밖에서 바라본 박사사건 상황이 어땠는지요?"

"시국이 뒤숭숭했어. 공비들이 자주 내려와 괴롭혔지. 우리 마을도 많이 시달렸어. 나는 그날 저녁, 신건리[47]에서 놀고 있었지. 갑자기 박사리가 대낮같이 밝아오더라고. 불을 끄려 박사리에 내려갈 엄두를 못 냈어. 그날 죽은 이해봉과 이경조 두 사람은 얼마 전까지 우리 마을에

47) 자연부락 이름

살았어. 먹고 살기 어려워 그곳에서 머슴을 살았지. 사건이 터진 다음 날 아침, 그들의 형인 이두칠로 부터 연락이 왔어. 두 동생이 공비들에게 참변을 당했다고. 친구 몇 사람과 함께 박사리에 내려갔어."

"어르신은 그분들과 어떤 사이였는지요?"

"맏이인 이두칠과는 상포계를 같이했어. 죽은 두 형제를 구룸마[48]로 옮겨 큰골[49]에 묻었어. 그들의 조카가 묘를 관리했어. 조카는 이이칠의 아들이야. 묘가 건설 현장에 들어가 버렸으니 조카의 발걸음도 뜸하겠지."

그들의 사 형제 중 둘째가 이이칠 어른이다. 명절·단오·화전놀이에 풍물을 칠 때면 단골 구성원이다. 설부터 보름 전·후로 집집이 다니며 지신을 밟았다. 귀신을 쫓아내는 포수역을 이이칠 어른이 맡았다. 작은 체구에 작대기 총을 어깨에 메고 사격자세를 취할 때면 구경꾼은 폭소를 터뜨렸다. 얄궂은 모자를 쓰고 숯으로 턱수염을 팔자로 그린 분장은 익살스럽기 그지없었다. 신명이 잡혀 얼쑤~어깨춤은 명품 예술이었다.

이웃 주민 김수찬. 1927년생. 신한리

48) 소달구지

49) 골짜기 이름

변소에서 떨었다.

우리 집 사랑방에는 여러 어른이 놀았어. 엄마가 일찍 돌아가셨기에 아버지는 나를 늘 끼고돌았지. 내가 태어난지 다섯 달이 채 안 되어 엄마가 돌아가셨으니까. 아버지는 젖동냥하여 나를 키웠어. 우리 집에 염소를 길렀대. 배고파 울 때면 아버지는 염소젖을 먹였다더군. 나에게 쏟은 아버지의 애정은 극진했어.

"어릴 적, 엄마 없이 어떻게 살았나요?"

"엄마 죽고 몇 해 지나 새엄마를 맞이했어. 다른 것은 기억에 없지만, 한 가지는 분명하게 생각나. 새엄마가 들어올 때 의붓동생을 데리고 왔지. 의붓동생이 이불에 오줌 싼 것을 내가 쌌다고 덮어씌우더군. 무척 억울했어. 잘해준 것은 쉬 잊히지만, 섭섭한 것은 오래 남더라고. 사건 이야기한다는 게 딴 방향으로 흘렀네. 놈들이 들이닥쳐 아버지와 어른들을 모두 끌고 나갔어."

그때 박상춘 어른이

"영끈이를 큰방에 데려다 놓고 가겠다"며 나를 안고 변소에 숨었어. 그 어른은 심상찮은 분위기를 간파하고 기지를 발휘한 것 같아. 아버지와 여러 사람이 공비들의 칼에 죽었지만, 상춘 어른은 살았어.

"너 때문에 살았다"고 나를 잘 보살펴 주었어.

"오랫동안 변소에 머물러 있었나요?"

"바로 나왔지. 놈들이 위채에 불을 질렀으니까. 불길이 활활 타올랐지만, 손을 쓸 여유가 없었어. 마구간에는 황소가 있었지. 이까리[50]를 아무리 당겨도 나오지 않는 거야. 소는 타 죽었어. 큰 누나가 나를 데리고 박동국 댁 담을 넘어 큰집으로 도망쳤지. 가는 동안 동네는 불바다였어. 아버지 장례를 어떻게 치렀는지, 더는 생각나는 것이 없어. 겁에 질려 떨었다는 것밖에. 할배가 돌아가시고 열여섯 살 되던 해, 계당동에 있는 외가에 얹혀살다 군에 갔어."

29. 사망자 이말천 41세. 장남 이영곤 8세. 대구시 중동

그녀의 뒷모습이 애처롭더군

희생자 이춘택에게 직계 후손이 없어 그의 친척뻘인 이일우 씨를 만나 경위를 들었다.

"사건이 터진 날은 대구에 있었지. 중학교 2학년이었어. 직접 겪지 않았으니 자세한 것은 몰라. 돌아가신 그분은 먼 친척 할아버지뻘이야. 한육만 씨 집 뒤에서 공비들의

50) 고삐

쏜 총과 휘두른 칼날에 무참히 당했어. 주말마다 시골집에 오면 돌아가신 분의 부인과 딸을 가끔 보았어. 집마저 소실되어 오갈 데 없는 부인과 어린 딸을 이 년 가까이 어머니가 보살폈지. 어린 딸마저 홍역으로 죽고 부인은 한 맺힌 이 고장을 떠났어. 가마골[51]에 쓴 할아버지의 묏자리가 고속도로에 편입되어 묘를 옮겼어."

30. 사망자 이춘택 33세. 친척 이일우 17세

증언한 선생은 문학적 소질과 소양을 펴보지 못한 채 전원생활을 하고 있다. 그의 행적을 보면 이색적인 면도 있다. 전통 유가 가문에서 자란 것과는 달리 중학 시절부터 무대 예술, 특히 희곡 시나리오 쪽에 깊이 심취해왔다. 1952년, 겨울방학을 이용하여 대동초등학교 학군의 중고생을 중심으로 극회를 만들었다. 선생이 직접 각본하고 막을 올린 이틀간의 공연은 뜻밖의 성공이었다. 어려웠던 시절 희미한 남포등 아래 광대가 된 학생들의 무대는 한줄기 환상이었다. 삭막한 농촌 정서에 한 줄기 단비 같은 위안이었다. 그 후 하양·청통 등지에 재공연을 시도했으나 집회 불허로 뜻을 이루지 못했다. 1956년에는 배우 도금봉이 주연한 극영화 '확지이'를 연출한 경력도 있다. 가정에 귀착할 수밖에 없는 그는 주어진 운명을 스스로 지키며 살아가고 있다. 선생은 "자기 인생에 깊숙이 존재하고 있는 꿈같은 흔적들은 한 조각 향수나 환상이 아닌 진솔한 자신의 미학이라고 말한다. 그리고 헌 고무신처럼 취급받던 반세기 전, 숱한 광대 패와 한 솔

---

51) 지명

에 밥을 먹고 동고동숙하면서 씬과 씬을 구상하고, 심오한 주제와 씨름하던 고뇌는 애처로운 행복이다."라고 회고한다.

박사사건이 일어난 이듬해 6·25가 터졌다. 그 시대에 선생이 보고 느낀 이야기다.

"공산군이 안동을 거쳐 의성에 진입할 시점이었지. 국군(보안사)이 우리 집 아래채를 비워내라고 했어. 인천 상륙작전에 성공하여 북진할 때까지 주둔했어. 보안사 요원들은 불순분자를 색출, 조사하더라고. 어디선가 잡혀 온 여성에게 닦달하는 것을 보았어. 얼굴에 수건을 씌워놓고 공포까지 쏘면서 위협했지만, 끝내 입을 열지 않았던 모양이야. 보안사는 결국 그녀를 돌려보냈어. 무혐의인지, 아니면 투철한 이념의 승리인지 모를 일이야. 파김치가 되어 돌아가는 그녀의 뒷모습이 애처롭더군."

양손녀를 만나 할아버지에 얽힌 이야기를 들었다.

"할아버지는 일본에 계시다 해방되고 조국에 나왔대요. 할배가 사건 통에 사망하고, 저의 아버지(이용식)가 양자로 갔어요. 호적정리는 하지 않았지만, 족보엔 양자로 얹혔어요. 저의 남동생이 제사를 모셔요."

"더는 들은 것은 없는지요?".

"스텐 밥그릇 국그릇을 받았어요. 1985년 위령비 제막식에 정관덕 종조모가 받아 우리에게 넘겨줬어요. '너그가 제사를 모시니 이 그릇은 너희 몫이다'고 하시면서요."

이향숙. 대구 내당동

아버지는 일류 미장공이었어

저녁 8시쯤 됐을 거야. 내 생각으론 공비들이 우리 집에 맨 먼저 들이닥쳤을 것 같아. 아마 네댓 명 됐어. 우리 가족을 모두 밖으로 내몰더니 바로 불을 질렀지. 어머니는 불을 끈다고 이리 뛰고 저리 뛰고 했지만, 불길을 잡을 수 없었어. 남동생은 연기를 많이 마셔 숨을 제대로 못 쉬고, 고랑고랑하다 죽었어. 아버지를 논 마당에 꿇어 앉히더군. 아버지는 위험을 느꼈는지 약 50m 정도 도망치다 그들에게 다시 잡혔어.

어머니는 어린 여동생을 업고, 나는 남동생(성환, 5세)의 손목을 잡아 라일만 씨 사과나무 밭에 숨었어. 날씨가 얼마나 추웠던지, 얼어 죽는 줄 알았어. 이내 옹기 터지는 소리, 소 울음이 그곳까지 들려오더군. 빨갱이들이 물러갔다는 소식을 듣고 새벽에 집에 돌아왔어. 아버지의 시신을 큰집에 모셔놓았디군. 집은 완전히 다 버렸지만, 나락 두지는 덜 탔어. 쌀에 화근 내[52] 때문에 도저히 밥을 먹을 수 없더라고.

나중에 군경이 공비를 소탕하고 한 놈을 생포했는데 열

---

52) 불 냄새

대여섯 살 정도로 보였어. 아버지를 죽인 원수였지만, 막상 공개 처형하는 것을 직접 보니 마음이 짠하더라고. 그 현장에 원수를 갈아 먹겠다는 몇몇 어머니의 울부짖는 모습은 아직 눈에 선해. 엄마의 마음도 똑같았을 거야.

"아버지가 없는 가계를 어떻게 꾸렸는지요?"

"이루 말할 수 없어. 산전수전 다 겪었지. 아버지는 일본에서 미장기술을 배워 일류 미장공이었어. 인근에 집을 짓는 곳마다 불려 다녔지. 돈을 상당히 많이 벌었어. 아버지가 살았으면 알부자 소리 들었을 낀데…. 어머니가 겪은 고생을 우째 말로 다할 수 있겠노?"

정두환은 나의 사무실에 들러 한나절 동안 그날의 참상을 들려주었다. 그는 경북대학교에서 환경미화원으로 일생을 보냈다. 그의 주선으로 많은 사람이 취업했다. 배려의 미덕을 몸소 실천했다.

31. 사망자 정만석 41세. 아들 정두환 8세. 대구 신천동

서둘러 수술을 했더라면

희생자 최명환. 맨 우측

어려서 생각이 별로 안 나. 우리 집도 불타고, 마을 전체가 불바다가 되었어. 여기저기서 울부짖는 소리와 불 끄는 광경 정도만 아슴푸레해. 상처를 입고 도립병원에 후송된 어른들의 이야기를 들었어. 사망자 38명 중 37명의 제삿날이 같지만, 우리 아버지 제사는 하루 늦지. 아버지는 외상이 크지 않아 상처가 심한 사람부터 치료하다 보니 아버지의 수술이 뒤로 밀렸어. 제때 손을 쓰지 못해 돌아가셨다 하더라고. 아버지는 녹에 칼을 맞은 삼촌과 친구의 상처가 위중하니 그들에게 먼저 치료해 달라고 의사에게 부탁했대.

요즘 같은 세상에 생각할 수 없는 살신성인의 모습이다. 아들 최재현은 기억의 한계가 있어 희생자의 동생, 최영환에게 그날의 상황을 자세히 들었다.

동생 최영환 씨의 이야기다.

"형님은 사랑방에 놀러 나가고 나는 아버지, 형수, 조카 둘과 집에 있었지. 밖이 시끌벅적하고, 개 짖는 소리가 요란했어."

"마을에 개를 많이 길렀군요?"

"그때는 집집이 개를 길렀어. 놈들이 내려오면 파수꾼 노릇을 했으니까. 사체가 즐비하다는 소문을 듣고 아버지와 나는 현장에 갔어. 그곳에 갔을 때는 이미 놈들의 작전은 끝났어. 죽은 무리 중에는 형님이 없었어. 형님을 찾아 헤맸지. 형님은 현장 근처 숙모 댁에 누워계시더군. 무명베로 상처 부위를 싸매고 있었어.

비보가 연방 날아들었어. 개미각단에 작은 형님도 당했다는 소식을 듣고 현장에 달려갔지. 쓰러져있는 둘째 형님을 일으키는 순간 목이 앞으로 푹 수그러지더라고. 목이 달아날 정도로 깊게 팼어. 아버지와 나는 중상을 입은 두 분 형님과 함께 트럭을 같이 타고 도립병원에 갔지. 큰 형님은 다음날 돌아가셨어.

사건 당일, 37명이 모두 죽었지만, 형님은 하루 뒤에 죽었어. 그래서 제사를 하루 늦게 지내잖아? 다른 사람들은 일손이 없어 묻기 바빴지만, 형님은 삼일장을 치렀어. 딴 분들은 가마니나 돗자리에 둘둘 말아 묻었지. 그러나 형님은 상여를 꾸몄어. 나도 사랑방에 놀러 갔더라면 삼 형제가 모두 희생당했을 거야."

"큰 형님에게 갓난아기가 있었다 하던데요?"

"있었지. 옥순이야. 난 지 꼭 한칠 되었어. 형수는 핏덩이를 업고 정신없이 불을 끄다 아이를 땅에 떨어뜨려 죽을 뻔했어. 조카는 아직 허리가 안 좋아. 그때 다친 허리가 자주 도진다고 투덜대지."

최명환은 이듬해 6·25 전쟁이 터졌을 때 형님들의 원수를 갚고자 자원입대했다고 진술했다. 돌아가신 두 형님을 생각하는지, 눈언저리에 물기가 번진다. 풀어 놓은 이야기보따리는 밤이 새도록 이어질 것 같았다.

32. 사망자 최명환 33세. 장남 최재현 4세
동생 최영환 18세. 부산광역시

전국에 유랑생활

세상 빛을 본 지 넉 달밖에 되지 않았으니 거의 핏덩이였지. 형수와 친척에게 들은 이야기야. 그날 아버지도 놈들에 잡혀 논에서 죽었어. 시신을 수습할 때는 아버지는 희생자들 중간쯤에 있었다더군. 머리는 터지고 온몸에 피투성인 채.

"누구 밑에서 자랐는지?"

"겨우 젖을 뗐을 때, 엄마는 재혼했어. 아기일 적엔 숙모가 키웠어. 세 살에 하양 삼촌 집으로 갔고, 다섯 살에 과수원 농사를 짓는 칠곡 이점근 씨 집에 보내졌어. 먹고 살기가 어려워 입을 줄이고자 그곳에 보냈어. 열다섯에 친구의 꾐에 빠져 경북 봉화에 갔어. 거기서 자장면 배달을 했지. 약 이 년 동안 그곳에 머물다, 열일곱에 다시 하양 삼촌 집에 왔어. 나무장사와 어물전을 하는 삼촌을 도왔어. 이내 싫증이 나더군. 칠곡 과수원집에 다시 갔지만, 오래 못 붙어 있었어.

대구 비산동 중국집에 취직하여 우동 빼는 기술을 배웠어. 그것도 잠시뿐이었어. 울릉도에 건너가 고깃배를 타고 어부 노릇을 했지. 스물일곱에 장가들어 제주도로 갔어.

제주도에서는 택시를 몰았어. 목구멍에 풀칠하려다 보니 전국을 내 집같이 돌아다녔지. 역마살이 끼였는지…. 제주도 생활을 청산하고 인천에 정착하여 환갑 넘어서까지 택시를 몰았어. 지금은 나이가 많아 그냥 놀고 있어. 지나온 세월을 돌아보니 소가 외나무다리를 건너는 형국이었어. 아슬아슬한 순간이 엄청스레 많았지."

"재혼한 어머니를 만나 본 적이 있는지요?"

"꼭 두 번 만났어. 대구 비산동 중국집에 있을 때, 엄마가 나를 찾아왔지."

"엄마를 만나보니 마음은 어땠는지?"

"꿈에 그리던 엄마를 만났지만, 그저 우리 엄마구나…! 그 정도였어. 재혼했지만, 행복하지 못한 것 같더라고. 엄마는 마흔도 채우지 못하고 죽었어 ."

그의 파란만장한 이야기는 끝 간 데 없이 이어졌다. 작가와 동갑내기지만, 나보다 훨씬 나이 들어 보였다. 67년의 긴 세월을 삶을 위해 전국을 돌아다니며 부대꼈으니. 고생한 흔적이 깊게 팬 주름 속에 진하게 배어있다. 부모의 그늘이 크다는 것을 새삼 느꼈다. 얼마 전, 그는 나의 사무실을 방문했다. 새롭게 소성한 '반공위령비추모공원'을 보고 싶어 인천에서 천릿길을 마다하고 달려왔다.

33. 시망지 최영암(최만석) 35세. 아들 최태달 생후 4개월 인천

순간적인 기지로 목숨을 건졌다

안각단 방수만 집에서 또래 여덟 명이 놀고 있었지. 느닷없이 공비들이 침입했어. 친구 네 명은 가마니 틀 옆에 앉아 있었고, 한둘은 새끼를 꼬고 있었어. 손목을 잃은 배재기와 친구 한 명은 선 채로 있었고.

"몇 살이냐?" 공비의 물음에

"엉겁결에 열네 살이라고 했지. 친구들도 덩달아 열네 살이라고 둘러대더군. 육십 세 이상과 열다섯 살까지는 죽이지 않는다는 소문이 있었으니까. 나는 열여덟 살이었지. 열네 살이란 말이 어떻게 튀어나왔는지 지금 생각해도 신기해. 곧이곧대로 나이를 밝혔더라면 죽었을 거야. 나보다 나이 적은 배재기는 새끼줄로 묶더라고. 그 친구는 열다섯 살이지만, 덩치가 컸거든. 그는 놈들이 휘두른 칼을 막다가 팔목을 잃었잖아.

나는 앞마당 볏짚 속에 숨었지. 공비들이 물러간 뒤, 형님이 죽었다는 소문을 들었어. 아버지와 나는 온몸이 피투성이가 된 형님을 발견하고, 망연자실했어. 이웃집 정상도 어른이 지게로 옮겼어. 형은 눈 뜨고는 볼 수 없을 정도로 참혹했어. 온몸이 떨리더라고. 다음 날, 가마니때기로 시신을 감싸 공동묘지에 묻었어. 가족을 위해 머슴살이한 형님이 불쌍했어."

먹을 것이 귀한 시절이었다. 머슴은 서러웠다. 주인을 잘 만나면 배불리 먹고 인간 대접을 제대로 받지만, 그렇지 않은 집은 머슴을 종처럼 부렸다. 머슴은 상머슴과 꼴머슴이 있었다. 꼴머슴의 새경은 변변찮았다. 주린 배를 채우고, 헌 옷가지를 얻어 입는 수준이었다.

34. 사망자 최우택 21세. 동생 최금택 18세

도망을 쳤지만

돌아가신 삼촌의 얼굴을 전혀 몰라. 태어난 지 돌도 지나지 않았으니까. 아버지와 어머니께 들은 이야기야. 삼촌은 정미소 마당에 끌려가 온몸에 칼을 맞고 도망쳤어. 집에까지 못 가서 길에 쓰러진 것을 발견했을 때는 이미 돌아가셨대. 피를 너무 많이 흘렸을 거야. 화마가 초가를 몽땅 삼켜버려 시신을 모실 곳이 없었어. 교회에 안치하고 가마니때기를 덮어 공동묘지에 묻었어. 삼촌은 장가든 지 얼마 되지 않았어.

"작은어머니는 연락되는지?"

"젊은 숙모는 고생을 견디다 못해 팔자를 고쳤어. 어디 사는지 몰라. 연락이 끊어진 지 오래됐어."

35. 사망자 최태문 29세. 큰 조카 최인태 1세

할아버지는 지주이고, 삼촌은 경찰관이라

우리 가족은 저녁을 먹고 어머니·막내 고모·누나·여동생이 일찍 잠자리에 들었어. 어머니의 다급한 목소리가 들렸지. 놈들이 집에 불을 질렀어. 어머니는 물동이로 불을 끄기 바빴어. 할아버지가 돌아가셨다는 연락을 받고 나는 어머니와 함께 현장에 갔더니 이미 할아버지는 돌아가셨더라고.

"할아버지의 그날의 동선을 알고 있는지요?"

"할아버지는 샘거랑 외가 친척뻘인 박만태 아재 집에 놀러 갔어. 마을이 불바다가 된 것을 확인하고 급히 집에 돌아오는 길이었지. 박송산 어른 담 뒤 샛골목을 이용했어. 바로 맞은편 논에서 벌어진 살육의 현장을 목격하고, 그곳을 피해 논을 가로질러 집으로 향했어. 한 필지 논을 넘어 두 번째 논두렁 아래 할아버지가 쓰러져 계시더군. 어머니는 할아버지 주검 위에 이불을 덮어드렸어."

"할아버지는 신식 어른이었다고 들었는데…?"

"할아버지는 미제 장화를 신고 다녔어. 지서에 근무하는 삼촌이 구해 준 신발이야. 나도 그 신을 가끔 신고 골목을 누볐지. 발에 맞지 않아 덜컥덜컥 소리가 났지만, 또래에게 무게를 잡았을 것 같애."

"공비들은 육십 세가 넘으면 죽이지 않았다 했는데요?"

"할아버지는 그때 예순둘이야. 돌아가신 분 가운데 가장 나이가 많았지. 놈들은 할배를 지주로 분류하고 목숨을 노렸을 것 같애."

"어린 나이에 많이 놀랐겠군요?"

"물론이지. 아직 그때의 장면이 또렷이 떠올라. 다음 날 군경이 진입하여 우리 집에 왔어. 돌아가신 할아버지를 볏단을 베개 삼아 마당에 반듯이 눕혀놓고 사진을 찍었어. 나중에 알고 보니 할아버지 사진을 대구역 광장에 진열했다 하더군. 당국에서는 놈들의 만행을 고발하려고 하지 않았겠어. 삼촌이 그 사진을 보고 크게 분개했다 하더라고. 막내 삼촌은 능인중학교에 다녔어. 삼촌은 아버지의 원수를 갚는다며 학도병에 지원했어."

알려진 바에 따르면 공비들은 60세 이상 노인과 15세 이하는 죽이지 않았다고 했다. 하상술 어른은 마을에서 도지가 많았다. 경찰관인 둘째 아들은 영천 단포 지서에 근무했다. 공산당이 지목한 경찰관, 지주계급, 두 가지 요건을 갖춘 셈이다. 놈들은 당연히 노렸을 터다.

"아버지는 어떻게 화를 면했는지요?"

"아버지는 할머니와 함께 경찰관인 삼촌 집에 다니러 갔어. 사건 전에도 우리 집에는 공비들이 자주 내려와 괴롭혔어. 놈들이 올 기미가 보이면 아버지는 숨기 바빴어."

"집은 불타지 않았나요?"

"놈들이 불을 질렀지만, 엄마와 우리 가족은 힘을 모아 불을 껐지. 사람 울부짖는 소리 · 짐승 소리· 불타는 소리로 북새통이 났어. 처마에서 평화롭게 잠을 자던 참새들도 가쁜 날갯짓을 하더라고. 마을 전체가 불바다가 되었으니 참새도 엄청스레 죽었을 거야."

참새 사냥

증언한 하성호 씨는 만능 운동 선수였다. 집안이 넉넉하여 남들이 갖지 못한 단발 공기총, 축음기, 자전거가 있었다. 공기총을 메고 골목에 나타나면 나와 또래들은 그의 뒤를 졸졸 따랐다. 할아버지가 거처한 사랑방 앞에는 탱자나무가 둘러쳐져 있었다. 그 사이로 참새들이 지천으로 짓 까불었다. 방아쇠를 당길 때마다 참새는 땅을 향해 머리를 처박았다. 굵게 꼰 새끼에 참새의 목을 비틀어 넣었다.

초가의 처마는 참새들의 보금자리다. 밤이 이슥하면 또래들이 참새 사냥을 한다. 군에서 가져온 기역 자 군용 전등은 훌륭한 무기이다. 숭숭 뚫린 처마엔 십중팔구 참새가 웅크리고 있다. 전등불을 비추면 겁에 질린 참새는 도망갈 엄두를 못 낸다. 잽싸게 낚아챌 때면 바르르 떠는 심장 소리가 온몸에 전이된다. 무를 듬성듬성 썰어 넣은 참새 요리는 안줏감으로 일품이었다.

36. 사망자 하장술 62세. 손자 하성호 8세. 대구 지산동

조용히 집에 돌아갔더라면

작은아버지는 몸피가 작았어. 일제 강점기에 강제 노역에 끌려가 죽을 고생을 하고 귀국했지. 결혼은 하였지만, 술을 워낙 좋아한 탓에 숙모에게 미움을 샀어. 그날도 하양장에서 막걸리를 거나하게 드시고 질구디[53]에 친구 몇 명과 이 차로 마셨어. 술기운에 기분이 좋았겠지. 흥얼거리며 집으로 돌아가는 길에 공비들에게 붙잡혔어. 놈들에게 이끌려 한육만 씨 집 근처에서 칼을 맞고 돌아가셨어. 삼촌이 돌아가셨다는 소식을 듣고, 아버지와 나는 현장에 갔지. 전신이 피투성이가 된 채 쓰러져 있었어. 창자가 밖으로 쏟아져 시신을 제대로 수습할 수 없었어. 담요로 감싸 큰집으로 옮겼지.

다른 사람들은 바로 장례를 치렀지만, 삼촌은 바로 장례

53) 지명

를 치르지 못했어. 숙모가 돌아오시지 않았기 때문이야. 신랑이 오죽 애를 먹였으면 그랬을까? 숙모가 약속하더군. 겨우 설득하여 장례를 치렀어. 숙모는 슬하에 자식이 없었어. 평생을 혼자 살았지. 죽고 난 뒤에 새로운 정이 생겼는지, 아니면 삼촌이 불쌍해서일까.

"사건 전·후로 마을 분위기는 어떠했는지요?"

"공비들이 자주 애를 먹였어. 아버지와 큰 삼촌은 청솔더미 아래 땅굴을 팠어. 뚫어놓은 방공호에 대피 연습을 자주 하더라고. 방공호는 골목을 가로질러 논으로 연결해 두었어. 그러한 집이 더러 있었지. 친구 김상연의 뒷밭에도 방공호를 파놓았다 하더라고."

"삼촌 외에는 피해가 없었는지요?"

"왜 없었어. 우리 집에도 공비 세 명이 들이닥쳐 쌀독 있는 곳을 찾아 작은 엄마에게 쌀자루를 벌리라 하더군. 쌀 두 자루와 간장, 된장을 퍼 담고는 바로 집에 불을 질렀어. 치솟는 불길을 잡을 수 없었어. 마을 전체가 불바다가 되었으니. 덜덜 떨면서도 호기심에 논 마당에 가봤어. 논에는 허연 시체들이 즐비하더군."

37. 사망자. 황목용 43세. 조카 황재환 13세

아버지의 회갑 준비

시집오기 전 일이에요. 시아버지에게 들은 얘깁니다. 큰아버지는 시할아버지 회갑잔치를 열고자 하양장에 장을 보러 갔어요. 준비물을 소달구지에 가득 싣고 집으로 돌아오는 길이었어요. 시집은 살림살이가 넉넉하여 잔치를 질펀하게 벌이려고 했대요. 집으로 오는 도중, 질구디에서 친구들과 어울려 술을 마시다 공비에게 잡혔어요. 밧줄로 묶인 채 부욱으로 끌려가 총에 맞아 죽었어요. 술집에 들르지 않고 집으로 바로 가셨다면 살았을 것인데.

"황 씨 집안에서 새로운 가풍이 생겼다는 데 무엇이죠?"

"내가 살 동안 회갑잔치라는 말 자체를 꺼내지 마라"며 시할배가 엄명을 내렸어요.

"회갑 장을 보러 간 아들이 처참하게 죽었으니 슬픔이 오죽했겠어요? 그 뒤론 회갑이란 말은 입 밖에도 꺼내지 못했어요."

"제사도 초저녁에 지낸다고 하넌네요?"

"맞아요. 세월이 어지러웠잖아요? 저녁이면 집에 불을 밝히지 말라고 했어요. 공비들의 표적이 된다고. 우리는 저녁식사 겸, 초저녁에 제사를 모셔요. 그때부터 지금까지."

조카 황금호의 진술이다.

"놈들이 한칠만 씨 집 뒤에 청년들을 일렬종대로 세워놓고, 총의 위력을 시험해보자며 총을 갈겼대. 몇 사람까지 관통했는지 모르지만. 총을 쏘고 난 다음 차례로 칼바람을 냈다 하더라고. 당숙이 죽었다는 소문을 듣고 아버지는 백부와 함께 돌아가신 오촌 아재를 업고 왔어."

희생자가 살았던 곳은 가마골[54]이다. 무학산 기슭에 자리한 그곳에는 네 가구가 살았다. 가마골은 유년시절, 추억의 창고이다. 책보자기를 허리에 두르고 솔방울을 따러 그 골짜기에 자주 다녔다. 흰 눈이 소복이 내리는 날이면 토끼를 사냥코자 가마골에 올라간다. 인적에 놀란 토끼는 두 귀를 쫑긋 세운다. 인해전술의 그물망에 걸려든 놈의 놀란 눈망울이 불쌍했다. 1960년대, 가마골 소등대 아래서 초등학교 김태원 선생이 마을청년들에게 태권도를 가르쳤다. 쩌렁쩌렁한 기합소리는 밤의 정적을 갈랐다. 그곳이 상전벽해 되었다. 골짜기 들어가는 초입에는 하늘을 찌를 듯한 다릿발이 고속도로를 이고 있고, 교각을 벗어나면 삽살개 단지가 들어섰다.

38. 사망자 황원도 45세. 조카며느리 김옥순, 박윤순. 하양읍

오촌 조카 황금호. 박사리

54) 박사리 남쪽 골짜기

3부

부상자 가족의 증언

부상자는 2016년 10월 현재 한 명을 제외하고 모두 세상을 떠났다. 말이 부상이지 사망과 진배없다. 고통의 후유증은 숙주처럼 따라붙었다. 그들이 죽을 때까지.

지금까지 자료에는 부상사가 28명으로 되이있다.

내가 조사한 바에 의하면 16명이다. 마을 사람들과 생존자의 증언을 토대로 관련 자료를 샅샅이 뒤졌지만, 더는 찾지 못했다.

사건 당시, 마을 전체가 초토화된 상황에서 부상자 파악에 오류가 있었을 것으로 생각한다. 역사는 바로 세워야 할 것이다.

허벅지가 깊이 팬 채

그 당시 태어나지 않아 할머니한테 들은 얘깁니다. 아버지는 한학을 했지요. 그날 밤, 아래채에서 한문을 읽고 있었대요. 검은 무리가 갑자기 사립문을 열어 재끼고 아버지를 끌고 나갔어요. 위험을 느낀 아버지는 놈들을 밀치고 도망하려는 순간, 놈의 칼날이 허벅지를 찔렀어요. 피가 낭자한 채 지서로 피신했답니다. 아버지를 놓친 놈들은 아래채에 불을 질렀어요. 연기에 그을린 흔적이 그대로 남아 있었지요. 수십 년 전, MBC에서 취재할 때, 불탄 현장을 손으로 가리키며 상황을 설명한 적이 있었어요.

"MBC에서 취재 후 마을에 변화가 있었나요?"

"온종일 마을 어른들을 상대로 취재했어요. 그러나 방영은 15분 정도였어요. 억울하게 돌아가신 영령들을 위로하고, 어렵게 살아온 유족들의 보상에 관련한 이야기는 거의 잘렸어요. 취재의 신성한 의미가 무엇인지 회의가 들었어요."

그는 십여 년을 박사리 이장을 지내면서 마을과 유족을 위해 봉사했다.

1. 부상자 강천수 23세. 아들 강해중

목에서부터 다리까지 깁스했어

사건이 터진 날은 결혼한 삼촌이 처가에서 집에 오는 날이었어. 일가친지가 모여 잔치 기분에 들떠 있었지. 갑자기 공비들이 들이닥친 거야. 끌려간 작은아버지는 현장에서 바로 돌아가시고, 아버지는 놈들이 휘두른 칼에 목이 거의 잘렸어. 도립병원에 옮겨 치료하였지만, 오랫동안 식물인간이 되었지. 병원에서는 소생할 수 없다고 했어. 다리와 팔, 등뼈를 비롯하여 전신이 부러졌어. 몽둥이찜질을 당한 아버지는 목부터 다리까지 온몸에 깁스했지. 신경이 마비되어 바깥출입 제대로 못 한 채 일생을 마감했어. 이와 새가리[55]가 깁스 속에 침입하여 온몸이 가려워 견딜 수 없었다고 하더군. 맘대로 긁을 수 없었으니.

"집안 살림을 어떻게 꾸려나갔는지요?"

"한참 동안 삼촌의 도움을 받았어. 철이 들고는 살림을 맡아 살았어. 어린 동생들 치다꺼리하면서. 초등학교를 졸업하기 바쁘게 똥물 지게를 졌지. 등짐을 너무 많이 져, 어깨엔 멜빵 자국이 그대로 남아있어."

---

55) 서캐

나도 그랬다. 열세 살에 초등학교를 졸업하고 그해부터 지게를 졌다. 여름이면 지게에는 보릿단이, 추수 때는 볏단이 얹혔다. 겨울이면 팔공산의 나뭇단이 얹혔다. 땔감을 장만코자 팔공산 골짜기는 거의 누볐다. 공비들의 소굴인 양시골은 으스스하여 감히 들어가지 못했다. 한창 발육기에 어깨를 눌러댔으니….

2. 부상자. 김만수 38세. 장남 김경식 10세

지게 이야기

"지게를 지지 않았다면 내 키는 170cm는 넘었을 것이다. 이 정도 외모에 키마저 훤칠했으면 나를 만나지 못했을 끼이다."

"내가 할 말 사돈 하네." 속사포 같은 아내의 반격이다. 받아치는 솜씨는 권투선수 뺨친다.

키가 작은 이유를 나름대로 분석해 본다. 선천적인 이유도 있겠지만, 주범은 '지게'라는 진단을 내린다. 본격적으로 지게를 가까이한 것은 초등학교를 졸업한 열세 살 때부터다. 어른들이 나르는 지게 짐을 볼 때 얼른 어른이 되고 싶었다. 처음 지게에 얹힌 것은 솔가리 동이었다. 솔가리 장소는 집에서 십여 리나 떨어진 팔공산 골짜기다. 남들보다 일찍 나서야 좋은 몫을 차지한다. 처음 배운 낫질은 나무가 아닌 정강이었다. 갈퀴 질을 방해하는 나뭇가지를 쳐 낸다는 것이 정강이를 찍고 말았다. 아직도 왼쪽 정강이에는 흉터가 훈장처럼 박혀있다.

나무 한 동을 짊어지고 내려오는 길은 말 그대로 지겟길이다. 지게 목발이 튀어나온 돌부리에 걸려 나무 동이 갈라진 적도 한두 번이 아녔다. 지게꾼의 행렬은 기차 꼬리처럼 길다. 흐름에 방해되지 않으려면 짐을 진 허리는 약간 구부려 구보 걸음이어야 한다. 열세 살이면 한창 발육기다. 발자국을 옮길 때마다 출렁이는 나뭇짐은 등과 어깨를 눌러 댔으니 키가 클 수가 있었을까. 양식은 곳간에 그득해야 배가 부르고 땔감은 수북해야만 마음이 따뜻했던 시절이었다. 아버지가 해온 나무는 바로 아궁이에 들어갔지만, 내가 해온 나무 동은 차곡차곡 쌓였다. 중학교에 보내지 못하고 지겟짐을 지게 한 아버지의 마음은 얼마나 아렸을까.

생활이 넉넉한 몇 집만 달구지가 있었다. 겨우 몇 가닥 뚫린 신작로에 달구지가 덜거덕거렸을 뿐, 대부분 짐은 지게로 날랐다. 지게가 운반의 수단이었다. 농사철에 접어들면 거름·보리·나락 짐 등 셀 수 없이 많다. 그 가운데 보리 짐 지기가 가장 싫었다. 햇볕이 송곳같이 내리쬐는 유월, 까칠한 보리 털이 땀으로 범벅된 몸속을 파고들면 시리고 따갑다. 장마로 퉁퉁 불은 보릿단은 돌처럼 무겁다. 이러한 짐들이 무시로 어깨를 눌렀으니 성장 리듬이 깨어지지 않았을까.

보리타작을 끝내고 아버지 등에 목물을 해 드릴 때, 당신의 어깨 위에는 지게 맬 끈 자국이 굵게 그어져 있었다. 등태가 닿은 허리에 드러난 검푸른 멍은 어린 가슴에 슬픔으로 다가왔다. 아버지의 작은 체구도 지게 탓이리라. 내가 지게를 진 것은 몇 년 불과하지만, 아버지는 평생을 지게와 함께했다. 호미가 어머니의 생활필수품이었다면, 지게는 아버지의 분신이었다.

철없던 시절에는 왜소하게 낳아 준 부모님이 원망스러웠다. 감수성이 예민한 사춘기엔 작은 키로 말미암아 열등감에 빠졌다. 처녀·총각 어울리는 곳에는 발걸음을 멀리했다. 마음에 둔 여자 친구가 있었지만, 먼발치에서 부러운 눈초리로 바라보기만 할 뿐. 키가 자랄 방안이 있다면 무엇이든 대들었다. 소나무를 몰래 베어 평행봉을 세워놓고 무시로 매달렸다. 부모님의 유전인자를 물려받았음인지, 어깨를 짓눌렀던 지게 탓인지 키는 167센티에서 정점을 찍었다.

'아내를 고를 때는 덩치 있고 키 큰 여자를 고르리라.' 마음을 굳게 먹었다. 내가 받은 열등감을 2세에게는 전해 주고 싶지 않았기에. 인연의 고리가 닿지 않아서인지 나와 엇비슷한 몸피의 여인이 짝이 되었다. 작은 유전인자가 자식에까지 대물림하지 않을까 걱정했다. 딸아이는 우리 울타리를 벗어나지 못했지만, 아들은 여섯 자를 족히 넘겼다. 친정 쪽을 닮았다며 빼기는 아내의 모습이 밉지만은 않다. 나이가 들면서 키로 인한 중압감도 서서히 묽어졌다. 작은 키로 말미암아 불리한 점도 많았지만, 유리한 것이 점차 현실로 나타났다.

살다 보니 때가 오나 보나. 친구들과 산에 올랐다. 가파른 능선에서 거대한 바위를 만났다. 빠끔한 틈이 있나. 일명 35인치 바위란다. 그 이상의 체구는 통과하기 어렵다는 바위틈이나. 길은 외길이다. 속으로 쾌재를 불렀다.

"내가 먼저 시범을 보이겠다." 약간 불거진 배를 힘주어 잡아넣고 살짝 구부렸다. 미꾸라지 빠지듯 여유롭게 통과했다. 키가 큰 친구가 시도한다. 긴 다리가 접히지 않아 낭패를 당한 모습이다. 억지로 잡아넣은 정강이가 찰과상을 입었다. 다음은 덩치 큰 친구 차례다. 자라처럼 목을 움츠리고 몸을 구겨 넣는다. 앞에서 당기고 뒤에서 밀었다. 자랑하던 고급 등산복에 흉한 흠집을 남겼다. 그의 일그러진 모습이 안쓰럽다. 나의 열등감이 우월감으로 바뀌는 순간이다. 짜릿한 쾌감마저 들었다. 화아한 박하사탕을 깨무는 기분이었다.

"덩치가 작으니 그것도 작을 것이고." 평소에 놀려 대던 친구들이다.

"헤매는 대형차보다 잘 헤집는 티코의 인기도 모르나."라며 이죽거렸다. 고소한 참깨 맛이다.

"아부지 어무이, 아담하게 낳아주어 디기 고맙심더. 그리고 지게야 고맙데이."

박기옥 수필집 『소금 세례』 중에서

엄마는 아버지가 돌아가신 줄 알았대

어려서 아무것도 몰라. 어머니에게 들은 이야기야. 공비 여러 명이 갑자기 들이닥쳐 집과 두지에 불을 질렀어.

"김병국 간나새끼, 어서 나오라"며 문을 부수고 아버지를 끌어냈어.

"놈들은 어떻게 아버지의 이름을 알았을까요?"

"공비들 무리 중, 아버지를 아는 사람과 내통이 있지 않았을까 하는 의구심이 들어."

무리 중에는 골수 공산주의자가 있는가 하면, 동조자도 있었을 터다. 공비들의 협박에 목숨을 부지하기 위해서는 어쩔 수 없었을 것이다. 이처럼 불편한 진실이 있었다는 것을 모든 유족이 한 목소리로 진술했다. 불행했던 시대상이었다.

"아버지를 어떻게 조치했는지요?"

"쓰러저 있는 아비지를 찾았을 때, 아버지는 정신을 놓고 있었어. 어머니는 아버시가 죽은 줄 알았데. 놈들에 끌려간 아버지는 몽둥이에 맞고 칼에 무차별 찔렸어. 반신장이가 된 채, 트럭에 실려 도립병원에 후송됐어. 병원에 아는 사람이 있어 아버지를 우선 치료해 수었다 하너라고.

나는 무서워 어머니 목을 껴안고 놓을 줄 몰랐어. 아버지 등에 깊게 팬 칼자국을 볼 때마다 울분을 토했어."

3. 부상자. 김병국 34세. 장남 김태복 2세

흰 골이 밖으로 튀어나왔어

초등학교 5학년이었어. 그날의 참상은 머릿속에 생생하게 남아있어. 우리 가족은 할아버지, 할머니, 부모님, 여동생 둘, 모두 일곱 명이었지. 나는 할아버지 방, 앉은뱅이책상에서 공부하다 단잠에 빠져있었어. 집에 불이 붙었다는 어머니의 황급한 소리에 문을 열었지. 위채는 벌써 불길이 하늘을 치솟고 있었어. 두 살 난 여동생을 등에 업은 어머니는 한 손에는 큰 여동생, 또 한 손으로는 나의 손을 잡고 마당에 뛰쳐나왔지. 온 마을이 불바다가 되어 대낮같이 밝았어. 사람 울부짖는 소리, 소와 닭 우는 소리, 개 짖는 소리가 골목마다 요란했어.

아버지가 공비들에게 맞아 머리를 감싸고 도망치는 것을 보았지만, 우리는 몸을 피하기 바빴어. 약 1km 떨어진 돼지비알에 몸을 숨겼지. 이젠 살았구나, 한숨을 돌렸어. 정신없이 도망치다 보니 팬티만 걸치고 있더라고. 신발도 신지 않은 채. 초겨울이라 논에는 살얼음이 얼었어. 날카로운 얼음 조각에 발이 베이고, 몰골이 말이 아니었지. 얼마나 추웠던지…. 작은할머니가 가져다준 옷과 신발을 챙겨 다음 날 새벽에 집에 돌아왔어.

"집과 마을의 상황은 어떠했는지요?"

"잔불은 계속 타고 있었고, 놈들에게 골이 밖으로 터져 나올 정도로 몽둥이에 맞은 아버지는 병원에 옮긴 뒤였어. 교회에도 어지러웠어. 집이 불타 갈 곳이 없는 사망·부상자들을 교회에 모셨지. 부상자는 밤중이 넘어서야 병원에 후송했어. 며칠 지나 입원한 아버지를 뵈러 갔어. 얼굴과 온몸을 붕대로 감아 놓았더군. 의사는 정상적인 사람 되기 힘들겠다 하더라고. 아버지는 비 내리고, 흐린 날이면 전신이 쑤셨어. 온몸이 저릴 때면 어김없이 비가 내렸지. 아버지는 권위 있는 기상관측자보다 더 정확해. 부친은 평생을 시름시름 하다 생을 마감했어."

"사건 뒤, 마을의 전체적 분위기는요?"

"처참하기 짝이 없었지. 마을이 폭삭 내려앉았으니까. 원자폭탄을 맞은 히로시마가 이보다 더했을까? 육군 22연대 장병들이 잔당을 소탕하고 생포한 공비를 초등학교에 끌고 왔어. 내가 보기에 중·고등학생 또래로 보이더군. 포로를 인걱던[56] 논에서 공개 처형했어. 묶어 놓은 포로를 향해 눈어뜯셌나는 희생자의 어미니를 주민이 말렸어. 모

---

56) 골목 이름

든 유족의 심정도 같았을 거야. 공개 처형은 유족들의 원한을 조금이라도 풀라는 배려가 아니었겠나 생각해. 그러나 마음이 짠했어. 군인 네댓 명의 총구가 포로를 향해 불을 뿜더군. 정통으로 맞지 않았는지 뒤척이는 공비에게 다시 정조준 하더라고. 머리통에서 흰 골이 쏟아지는 것을 직접 목격했어. 어린 나이에 너무나 섬뜩했어. 처형당한 공비의 시신을 교회의 장로(김석곤)님이 수습했어. 그의 아들도 놈들에게 죽었잖아? 이가 갈리도록 미웠겠지만, 종교인이라 인도적 차원에서 사체를 거둔 것 같아."

"사건이 터지기 전에도 공비들이 자주 괴롭혔나요?"

"자주 내려왔지. 우리 집은 공비에게 여러 차례 시달렸어. 동장이 앞집에 살았거든. 동장은 놈들의 표적이었으니까. 공비가 내려왔다는 소문이 들리면 밭에 파 놓은 방공호에 숨기 바빴어."

대동초등학교 뜰에는 반공혼비가 세워져 있다. 증언한 김상연 씨는 대동초등학교총동창회 회장으로 재임 중, 반공혼비의 상석과 내력을 알리는 안내석을 만들어 주위를 정비했다.

4. 부상자. 김태은 38세. 아들 김상연 12세

칼 맞은 몸으로 산판山坂에서 죽었다

박상용은 현장에서 몽둥이로 맞고 온몸이 칼에 찔렸다. 갈라진 배를 움켜잡고 도망쳐 겨우 목숨을 건졌다. 그의 집은 찢어질 듯 가난했다. 생계를 위해서 강원도에 갔다. 불편한 몸으로 깊은 산에 들어가 산판에 종사했다. 그는 작업 중, 상작더미에 깔려 죽었다.

그의 동생 박등용은 선천성 뇌성마비로 행동이 부자연스러웠다. 콧물을 늘 달고 다녔다. 또래는 그를 많이 놀려댔다. 아무리 놀려도 화를 내지 않고 희멀건 웃음을 흘렸다. 어릴 적 철없던 행동이었다. 후손이 없어 마을 주민에게 들은 것이 전부이다.

우리 마을에는 비슷한 유형의 사람이 있었다. 그는 편만수 아재다. 우직했다. 게으름 피우는 일이 없었다. 그분의 아내는 정미향이다. 공무원 시절, 나는 그녀의 이름을 짓고, 생활보호자로 선정하여 배급을 주었다. 편만수 아재 내외는 우리 집 일도 많이 거들었다.

5. 부상자. 박상용 33세. 마을 주민 최금택

만수 아재

만수 아재 뒤를 따르면 영락없이 먹을 것이 생긴다. 마음씨도 좋았지만, 우렁찬 목소리로 영어를 유창하게 구사했다. 그가 행차하는 곳은 파제罷祭·잔치·초상집 등이었다.

그 옛날, 꼬리에 흙먼지를 길게 단 버스는 하루에 한 차례만 오갔다. 시골치고는 큰 마을이었지만, 문화시설이라곤 보잘것없었다. 라디오는 한두 대가 고작이고 자전거는 공무원이나 유지를 빼고는 구경하기 어려웠다. 읍내에 드나드는 동장에게 얻어듣는 것이 전부였다. 동민에게 뉴스를 알리는 일은 목청 좋은 노인네의 몫이었다. 마치 수탉이 홰를 친 후 목을 길게 뽑아 초성을 자랑하듯, 구성진 목소리의 여운은 고샅에 너울거렸다.

"투표하러 나오소. 강걸 보 나오소. 밀가루 배급 타 가소. 부역 나오소!" 홍보 매체가 전혀 없었던 처지에 만수 아재의 정보망은 무엇이었을까. 굶주림에서 벗어나기 위하여 모든 세포가 자동으로 작동했는가 보다. 후각이 뛰어났을까. 부잣집 부엌 깊숙한 곳의 냄새까지 맡아내었으니. 먹을거리를 찾아내는 귀신같은 재주는 신통했다.

그는 편片 씨 성을 가졌다. 상당한 덩치에다 힘이 장사였다. 먼 친척뻘 되는 집에서 나뭇짐을 내다 팔아 생계를 도왔다. 우직한 소처럼 묵묵히 일한 대가는 입에 풀칠하는 것으로 만족했다. 육이오 사변 때, 돈 많은 사람 대신 보국대에 끌려갔다. 모종의 흥정이 이뤄졌을 모양이지만, 본인은 전혀 몰랐으리라. 요행히 얻은 것은 영어실력이었다. 헬로우로 시작하여 땡큐, 마지막엔 언제나 노갓뎀이었다. ABC도 몰랐던 어린 시절, 만수 아재의 능란한 회화 솜씨는 부러움의 대상이었다. 옥에 티라면 수캐 연장 자랑하듯 아무 데서나 바지춤을 내리고 오줌을 갈겨댔다. 또래들이 꼬챙이로 불알을 쑤셔도 왕방울만 한 눈을 치켜뜰 뿐 연방 히물거리는 마음씨 좋은 아재였다.

만수 아재가 힘이 있을 때는 찾는 사람이 많았다. 품삯 따위는 관심 밖이다. 밥그릇만 놓으면 히죽히죽 웃음을 흘리며 어떤 일도 마다치 않았다. 게걸스런 그의 식성은 무쇠도 녹일 듯 눈앞에 음식은 순식간에 사라진다. 사람이 매양 젊고 건강할 수 없지 않은가. 서서히 체력이 떨어지면서 찬밥 신세가 되어갔다. 효용 가치가 떨어지니 부르는 사람도 없었다. 먹는 것도 변변찮아 잔병이 잦아들어 안방 지킴이가 되고 말았다.

마을 사람들이 모두 중매쟁이가 되었다. 오십 줄이 넘어서 맞이한 신부는 성도 이름도 없이 '고추할매'라 불리는 불쌍한 여인이었다. 저수지 아래 움막을 짓고 중고품을 수집하여 신접살림을 차려 주었다. 늙고 병들은 사람에게 시집온 여인, 남편을 섬기는 무습은 정상적인 사람도 흉내 낼 수 없을 만큼 극진했다. 살면서 부부가 닮아 간다는 말처럼 남편을 어찌나 빼닮는지. 그녀의 행차하는 곳도 잔칫집이었고 제삿집이었다. 부부가 화목하려면 입맛까지도 닮으라는 것을 실천하려 함인가.

그녀는 동그스름한 얼굴에 쌍꺼풀 눈을 가졌다. 입성은 땟국이 졸졸 흐르고 손등의 때는 시루떡처럼 덕지덕지 하였다. 머리는 물만 찍어 발라 땀 냄새를 달고 다녔다. 동백기름을 바르고 날렵하게 쪽진 여염집 아낙을 흉내 냈을 모양이다. 우리 집 일도 많이 도와주었다. 매양 고추할매라고 부를 수 없어 그럴듯한 작명作名으로 보답해야 할 터였다. 결단을 내렸다.

"꼬치할매, 성은 알고 있제?"

"성도 모리까 봐. 정鄭가다 왜." 톡 쏘아붙인다.

"아름다울 미, 향기 향, 향기가 풍기도록 미향美香이라고 부르면 어떻겠노." 나의 제안에 흐뭇한 웃음을 흘리며 고개를 주억인다. 주민등록표와 생활보호 대상자 명부에 이름을 얹었다. 전산으로 관리하는 요즘 같으면 공문서위조로 목이 열 개라도 배겨날 수 없을 터다. 가짜로 공부를 정리하였지만, 죄책감은 전혀 들지 않았다.

그들의 생활은 오로지 성실이었다. 말없이 일하며 주는 대로 먹고 입었으니 수분지족守分知足을 실천한 삶이다. 만수 아재의 죽음에는 마을 장으로 예우했다. 우직한 일생, 팔 푼 인생의 마지막 길은 서럽지만은 않았다. 눈물을 찍어내던 고추할매의 행적은 알 수가 없다. 복지시설 어느 곳에서 이름에 걸맞은 향기를 뿜고 있으면 좋으련만.

그들의 도움을 받았던 밭에 잡초와 전쟁을 벌였더니 온몸이 쑤신다. '몇 년 후에는 자두와 복숭아 수입이 얼마나 될까!' 김

칫국부터 마시는 나를 향해 만수 아재의 히죽이 웃는 모습이 떠오른다.

수필집 『고쳐 지은 제비집』 중에서

배설물이 옆구리로 나왔어

박한도는 작가의 당숙이다. 2005년에 취재한 내용이다.

"종질 봐라. 그날만 생각하면 진절머리난다. 참혹했던 현장이 자주 꿈에 나타나. 그때마다 온몸이 땀으로 축축했어. 그날은 하양장날이었지. 팔곤이 사랑방에서 놀았어. 열 명은 족히 됐을 끼라."

"뭣하며 놀았는지요?"

"가마니 짤 새끼도 꼬고, 어떤 친구는 짚신을 매고 있었지. 최양촌 댁이 송아지를 팔러 하양장에 갔어. 시세가 만 환 밖에 안 나와 잡아묵자고 수의하고 있었지. 갑자기 문 밖에 검은 그림자들이 서성거렸어. 순간적으로 누가 호롱불을 껏부렀어." 놈들이 방문을 활짝 열며

"갓나 새끼들 불은 왜 꺼노?" 총·칼·죽창·몽둥이로 위협하며 논 마당에 끌고 나가 모두 꿇게 했어."

"반동 갓나들 때문에 세상 꼴이 요모양이다." 대장으로

보이는 사람이 공포 세 발을 쐈어. 그것을 신호로 동네에 불을 질렀어.

"당숙은 어떻게 당했습니까?"

"먼저 몽둥이로 뒤통수를 쳐 나오고, 뒤이어 칼로 마구잡이로 찔러 나왔어. 몽둥이를 맞아 몽롱한 상태였지. 이내 칼로 찌르더군. 그대로 실신했어. 놈들이 철수하고 겨우 정신을 차려 몸을 살폈더니 왼손 손바닥에 피가 흥건히 고였더군. 등에서 찌른 칼날이 옆구리를 관통하여 왼손까지 닿았어. 간신히 일어나 짚동에 숨었지.

사촌 형님이 같이 있었다는 것을 알고 현장에 다시 갔어. 시쳇더미 속에 엎드린 형님이 피를 흘린 채 쓰러져 있었어. 반듯하게 눕혀놓았지. 더는 우째 해 볼 방법이 없더라고. 어떻게 집까지 왔는지 몰라. 큰 아부지(박일동. 한약방 경영)가 형수의 치마로 갈라진 배를 싸매어 응급처치했어. 얼마 있다 도라꾸[57] 타고 도립병원에 후송됐지. 병원에 가는 동안, 누군가가 우동을 사 주더라고. 억지로 쪼매[58] 먹었지. 국수 가락이 옆구리로 나오지 뭐야."

"병원사정은 어떠했는지요?"

"의사들도 정신을 못 차리더군. 수십 명이 한꺼번에 들이닥쳤으니. 나를 먼저 치료해 주었어. 딴 사람보다 상처가 깊었기에. 같이 입원했던 앞집 친구(최명환)는 다음날

57) 트럭

58) 조금

죽었어. 외상이 크게 없어 수술을 늦췄을 것 같아. 상처가 큰 자기 동생을 먼저 치료해달라고 했다 카더라고. 너그 아부지도(작가의 아버지) 자칫했으면 화를 당했을지도 몰라. 일찍 집에 갔기 망정이지."

어머니께 들은 이야기다. 아버지가 보국대에 차출당했을 때 목숨을 담보로 하는 험지에 당숙이 대신 가겠다고 했다. "자신은 전신이 칼자국으로 만신창이 됐으니 신체검사에 떨어질 것이다."라고 하면서.

6. 부상자. 박한도 당시 31세. 1919년생

부들부들 떨었어요

"시집와서 시부모에게 들은 얘깁니더. 시아부지는 우리 집 들어오는 입구에서 전신에 칼을 맞고 쓰러졌대요. 놈들이 철수한 뒤, 오랫동안 마룻바닥 아래 숨었어요. 피를 너무 많이 흘려 죽는 줄 알았다 카데요. 병원에서 피를 넣고, 겨우 생명을 건졌다 캅디더. 내가 시집올 때 시아버지는 몸이 온전치 못하고 고랑고랑했어요. 자주 온몸을 벌벌 떨었어요. 샌 날이면 이불을 덮어써야 했어요."

7. 부상자 손잠암 38세. 자부 김진호

부리거랑, 차가운 웅덩이에 숨을 멈추고 있었대

아버지는 배정화 집 사랑방에 놀았어. 놈들에게 붙들려 논 마당에 갔어. 아버지는 강단이 컸지. 같이 잡힌 친구들이 몽둥이로 맞고, 칼에 찔리는 것을 보고 마음을 다잡았어. 아버지는 그들을 밀치고 도망을 쳤어. 담을 타 넘는 순간, 놈들이 던진 칼에 머리 뒷부분을 맞았어. 칼자국이 선명해.

"다섯 살이었으니 생각나겠군요?"

"엄마가 이불을 주며 피하라 하더군. 이웃집 강정수, 삭불이(배정화)와 함께 이불을 덮어쓰고 박기보 짚삐까리[59]에 숨어 있었어. 대낮같이 불타오르는 마을을 바라보며 덜덜 떨었어."

"어른은 어디로 피신했는지요?"

"아버지는 차가운 부리거랑 웅덩이에 숨었어. 놈들이 물러갈 때까지."

부리거랑 웅덩이의 물은 유난히 차가웠다. 보리타작을 끝내고 그곳에서 땀을 씻었다. 부리거랑은 무더운 여름이면 훌륭한 피서지였다. 하도 차가워 오래 버티지 못했다. 붕어·피라미·중태

59) 짚 더미

기[60]가 많았다. 놈들은 주둥이로 팔목·발목을 톡톡 쏘아대며 까불었다. 또래들이 물장구치며 놀았던 정겨운 웅덩이였다. 지금은 경지정리로 인해 자취를 감추었다.

8. 부상자 방봉기 30세. 장남 방외태 5세

손목이 달아난 줄 몰랐대요

할아버지는 돌아가실 때까지 제가 모시고 살았어요. 1980년대였어요. 어떤 사람이 라면 상자를 들고 할아버지를 찾아 왔어요. 그 사람이 무엇을 하는 사람인지 몰랐어요. 다만 할아버지와 나누는 이야기를 들었지요. 할아버지가 그분에게 이야기한 내용입니다.

"사랑방에 놀고 있었지. 연설한다는 공비들의 꾐에 빠져 정미소에 갔어. 엎드리게 하고는 한 사람씩 좁은 골목으로 끌고 가더군. 그 자리에는 벌써 시체가 즐비했어. 놈들이 몽둥이로 뒤통수를 치더니 바로 일본도로 목을 치려고 했지. 순간 오른손으로 막았어 그때는 손목이 잘린 줄 몰랐지. 연거푸 내려치는 몽둥이질에 나는 기절했어. 자정이 끝났는지 놈들이 죽은 시쳇더미를 칼로 뒤적이더군. 생사를 확인했을 것 같애. 무리 속에 몸을 밀이 넣고 죽은 체했어.

60) 중고기의 방언

그들이 물러가고 그때야 손목이 잘린 줄 알았지. 달아난 팔을 움켜잡고 가까운 형님 집에 갔어. 뭉텅한 팔을 옷가지로 싸맸어. 도립병원에서 피를 넣고, 수술을 받았어. 병원에서 팔을 또 자르더군. 그동안 살이 상했어. 잃어버린 손은 그 다음 날, 출동한 경찰이 발견했다 하더라고."

"할아버지와 같이 생활했으니 정이 많이 들었겠군요?"

"형편이 어려워 아버지는 탄광에 취직했어요. 부모님이 강원도로 가실 때, 저는 할아버지와 살겠다고 떼를 썼어요. 할아버지 밑에서 초등학교에 다녔지요. 할아버지는 나를 무척 사랑했어요. 장날이면 과자도 사 오고 예쁜 운동화도 사 주었어요. 초등학교 졸업식에 참석 못 한 저를 대신해 할아버지가 졸업장을 받아 오셨어요. 할아버지는 졸업장을 받아들고 무척 좋아했어요. 나를 중학교에 보내지 못해 늘 미안해했지요."

배움에 굶주린 그녀는 검정고시를 거쳐 중·고등 과정을 마쳤다고 했다. 합격증을 할아버지에게 보여 드리지 못해 아쉽다며 수줍게 웃는다.

더 자세한 것을 듣고자 그의 조카딸을 찾았다.

"머릿속에 뚜렷이 남아있어. 너무나 참혹했으니까. 빨갱이들이 집집이 불을 지른다는 소문에 어머니는 나와 동생들을 데리고 거랑 건너 숲골 산 아래, 움푹한 곳에 이불을 덮어쓴 채 숨었어. 마을을 바라보니 불꽃은 하늘 높은 줄 모르고 치솟았지. 얼마의 시간이 흘러 집을 둘러 본 엄마가 우리를 데리러 왔어. 삼촌이 피투성이가 된 채 허둥대며 오더라고. 오른팔이 안 보였어. 놈들이 목을 향해 내려치는 칼을 막다가 팔목이 잘렸대. 그때 팔을 잃은 사람이 세 사람이나 돼. 한 분은 돌아가시고, 한 사람은 왼쪽 손목을 잃어버렸어. 그분은 아직도 살아있지. 삼촌의 팔은 이튿날 정미소 앞 도랑에서 찾았다 하더군."

"아버지는 어떻게 무사했는지요?"

"아버지는 가마니를 짜고 있었어. 놈들이 온다는 소식을 듣고, 엉겁결에 변소에 숨었어. 추적하는 놈들을 피해 똥통에 뛰어들었지. 겨우 머리만 내어놓았다더군. 얼마나 다급했으면 그랬을까?"

"집은 불타지 않았나요?"

"우리 영감도 죽었는데. 집마저 불태우면 우째 살아가노?" 엄마는 똥통 속에 숨어있는 아버지가 죽었다고 둘러대며 애걸복걸 빌었어. 엄마의 기지로 우리 집은 불타지 않았어. 보잘것없는 오두막집이었지만.

"삼촌은 왜 자기 집에 가지 않고 큰 집에 왔는지요?"

"삼촌 집은 벌써 잿더미가 됐다." 카더라고.

그 어른 집은 개미각단 맨 아래쪽 막다른 골목에 있었다. 불탄 집을 헐고, 새집을 지었다. 십여 년이 흐른 뒤, 그 집에서 콩쿠르대회를 열었다. 마을에서 처음 열린 노래자랑이다.

9. 부상자 방차암 38세. 손녀 방순희
조카딸 방귀미 9세

콩쿠르대회. 1958년

"오늘 저녁은 콩쿨대회 마지막 날입니더. 예선 준결선에 이어 결승이 있습니더. 여기서 나오는 수익금은 청년회 기금으로 사용합니더. 결승전에 들어가기에 앞서 다시 한 번 상품을 소개하겠심더. 1등은 고래 심줄보다 질긴 26종 양은 솥, 2등은 찜통, 양재기, 주전자…" 손님을 부르는 확성기 소리가 요란하다. 무대 풍경이다. 마당에 천막을 쳐 놓고, 그 아래 평상 두 개를 놓아 무대를 만들었다. 출렁이는 남포등이 어둑한 무대를 밝힌다. 한 구석에는 심사를 맡은 이일우·방용복 두 선생이 근엄한 표정을 짓고 있다. '땡' 치는 놋그릇이 그들 앞에 놓여있다. 반주는 기타 치는 한 사람이 전부이다. 사회를 맡은 김용수 씨는 바지선을 칼날처럼 세워 한껏 멋을 부린다. 노래자랑은 처녀·총각들의 데이트 장소였다. 마당을 가득 메운 구경꾼은 출연자와 더불어 노래 부르며 흥겨워했다. 1·2위는 청통면 치일리에 사는 허석기, 허길자 남매가 각각 차지했다. 엄정한 심사였다.

세월이 흐른 어느 날부터 노래자랑이 돈벌이로 변질하기 시작했다. 상위 등수에 들려면 노래 실력 외에 또 다른 것이 작용했다. 검은 거래가 있었다. 그러나 개인이 착복하지 아니하고 청년회 기금을 만들었다. 외부 사람의 입상은 좀처럼 어려웠다. 소위 텃세이다. 따지지도 못하고 웃으면서 넘어갔다. 해학이 있고 낭만이 넘친 시절이었다. 박사리의 노래꾼인 박두일·박주현·박기보가 단골 수상자였다. 그들도 상당한 찬조금을 헌납했으리라.

수술한 아버지의 사진을 병원 게시판에 걸어놓다

아버지는 집에 계시다 놈들에게 잡혀갔어. 놈들의 만행은 우리 골목이 막바지였을 것 같아. 아버지는 무리 중, 앞자리에 있었대. 공비가 쏜 총알이 급소를 피해 팔꿈치를 관통했어. 그 자국이 뚜렷해. 엎어져 있는 아버지를 놈들이 발로 툭툭 차보더래. 죽었는지 살았는지 확인했을 모양이지. 꿈틀거리는 아버지를 물게돌[61]로 얼굴을 그대로 내리쳤어. 이마에서부터 입술 턱까지 짓이겨 놓았지. 엄마가 현장에서 시쳇더미를 뒤적이며 아버지를 찾았을 때, 온몸이 피로 범벅되었대. 치마로 상처 부위를 동여매고, 병원으로 옮겼어.

"아버지는 얼굴이 망가져 마음고생 많이 했겠네요?"

"당연하지. 아버지의 사진을 도립병원 게시판에 오랫동안 걸어두었어."

"왜 그랬을까요?"

61) 수위를 조절하는 돌

"치료 전·후의 사진을 함께 걸어놓고 의료 기술을 홍보했을 것 같아."

그러한 측면도 있었을 터지만, 나라가 어지럽고 이듬해 6·25가 터졌다. 병원을 찾는 사람들에게 반공정신을 일깨우려 했을 성싶다.

부상자 윤재근

10. 부상자 윤재근 34세. 아들 윤길수 4세

평생을 목이 기운 채

둘째 형님은 집에 계시다 놈들에 잡혀갔어. 여느 사람처럼 정미소 마당에 모아놓고, 막다른 골목으로 끌고 가 칼로 목을 쳤어. 형님이 당했다는 소문을 듣고 찾아갔지. 형님은 도랑에 쓰러져 있더군. 일으켜 세웠더니 목이 앞으로 푹 꺾이더라고. 칼에 찔린 뒷목에 손바닥이 들어갈 정도로 상처가 깊었어. 처음에는 죽은 줄 알았지. 병원에 서너 달

계시다가 나왔어. 고개를 돌리지 못하고 오른쪽으로 기운 채, 평생을 고생했어.

"아재도 사랑방에 놀러 갔더라면 화를 당했겠군요?"

"그렇지, 천운이지. 삼 형제가 하루 저녁에 모두 불귀의 객이 될 뻔했어. 큰 형은 돌아가시고, 둘째 형은 목이 달아날 정도였으니. 다음 해 6·25가 터졌을 때 자원입대하여 오 년 일 개월 만에 제대했어. 그때 남북통일이 돼야 했었는데…."

11. 부상자 최문환 24세. 동생 최영한 18세

온몸이 팥죽처럼 멍들었어

어려서 아는 것이 별로 없어. 들은 이야기야. 아버지는 반공청년 단체에 깊숙이 관여했다고 들었어. 공비들이 우리 마을을 습격했을 때 동장 집과 우리 집에 가장 먼저 쳐들어왔다고 했어. 보통 서너 명이 조를 짜서 습격했다면, 우리 집에는 예닐곱이 들이닥쳤대. 공비들이 아버지에게 무엇을 추궁했지만, 사실대로 이야기하지 않았을 모양이야. 놈들은 아버지 입으로 무슨 말이 나올 때까지 마구잡이로 몽둥이를 휘둘렀다 하더군. 아버지도 논 마당까지 끌려갔어. 위험을 느끼고 손목이 묶인 채, 동강동 친척 집을 향해 도망쳤어.

부상자 여동생의 이야기다.

저녁을 먹고 새로 지은 집에서 수를 놓고 있었지. 갑자기 공비들이 들이닥쳐 돈을 내놓으라며 윽박질렀어. 놈들은 문밖에 나오는 오빠와 삼촌을 빨랫줄로 묶고 몽둥이로 사정없이 갈기더라고. 둘은 논 마당에 끌려가다 놈들을 밀치고 정신없이 도망갔어. 마을에서 제법 떨어진 동강리 광주김씨 진외가 대문 앞에 쓰러졌대. 이튿날 오빠를 소달구지에 태워 집에 옮겼어. 부러지고 터진 데는 없었지만, 눈덩이가 반티[62] 되고 입술은 터지고, 온몸이 팥죽처럼 시퍼렇게 멍이 들었어. 오빠를 바로 알아볼 수 없겠더라고. 진단서를 끊었다면 십 주 이상은 나왔을 거야.

"안타까운 일이 있었다면?"

"아래 위채 멋지게 집을 지었어. 수십 년 동안 지붕을 이지 않아도 된다는 속쇠[63]로 만든 이엉이야. 그렇게 근사한 집이 한 주일도 안 되어 불길에 휩싸였어. 소녀의 눈에는 우리 집이 마을에서 가장 근사했어. 또래에게 으스댔는데. 그러한 집이 단숨에 타버렸으니. 뱀의 혓바닥처럼 널름대는 불길을 보며 마구 울었어. 온몸에 소름이 돋고, 오들오들 떨었어."

62) 심하게 부어오름
63) 억새풀

"그 외에 목격한 것은 없었는지요?"

"놈들은 사건 이전에도 자주 내려와 애를 먹였어. 소를 몰고 가기도 하고 자주 양식을 약탈해갔어. 오빠는 상당히 똑똑했어. 무슨 감투인지는 몰라도 나무통에 들어있는 전화기로 지서와 전화하는 것을 자주 봤어. 놈들의 동정을 알려달라는 신고용 무전기겠지. 공비들은 오빠를 눈엣가시처럼 여겼나 봐. 오빠는 채소밭에 구덩이를 파고 놈들이 나타나면 그곳에 숨었어."

"난리 통에 먹고 살기 어려웠지요?"

"어려웠지. 쌀밥 구경하기 힘들었어. 아버지 밥그릇에만 겨우 쌀톨을 구경할 수 있었고. 깜둥보리밥에 나물죽이 전부였지. 그러나 우리 집은 논이 열댓 마지기 넘었어. 추수 끝이라 나락두지가 그득했지. 두지에 불이 붙어 나락이 까맣게 타버렸어. 방아를 찧어 밥을 했지만, 밥이 벌겠어. 맛이라곤 전혀 없었지."

"총각이 여럿 죽었어요. 무척 애틋했겠네요?"

"마을에서 약간 떨어진 곳에 인물 좋은 총각이 살았지. 그는 방상길 오빠야. 신체도 훤칠하고 인물이 좋았어. 비록 남의 집에서 일했지만, 마을 처녀들의 마음을 설레게 했지. 또래들이 속 눈물을 많이 흘렸을 거야. 내 마음도 무척 아팠어."

12. 최준한 29세. 아들 최재원 4세. 동생 최해순 12세

쇠약해진 아버지께 해마다 똥개 한 마리씩

내가 태어난 지 3개월밖에 안 됐는데 무슨 생각이 나겠어. 돌아가신 어머니가 자주 이야기를 들려줬지. 술을 좋아하는 아버지는 그날도 하양장에서 기분 좋게 한잔했어. 그때 형편으로 안주는 감히 생각도 못 했을 거야. 겨우 왕소금이었겠지. 여느 친구들과 사랑방에 놀러 나갔어. 아버지는 술에 취한 채 잠이 들었어. 앉아 있는 사람을 먼저 끌고 가고, 아버지는 나중에 끌려갔어. 공비가 내리친 칼에 오른쪽 목덜미를 심하게 다쳤어. 연거푸 휘두르는 칼을 맞고 막다른 골목으로 피신했어. 조생환 아지매가 건네준 옷가지로 상처 난 목을 감고 변소에 숨었대.

공비들이 불을 질러오기에 와촌지서 쪽으로 줄행랑을 쳤다 하더라고. 동강리 양조장 내리막길에 쓰러져 있는 아버지를 주민이 발견하여 지서에 옮겼어. 그 후, 마을의 부상자들과 함께 병원에 후송됐어. 아버지는 후유증이 심해 돌아가실 때까지 고생했지. 어머니는 쇠약해진 아버지를 위해 해마다 똥개 한 마리씩 꼭 삶아 드렸어.

13. 부상자 최천암 31세. 장남 최인태 1세

박사사건에는 칼에 찔리고, 6·25엔 총을 맞았지만

아버지도 여느 어른처럼 사랑방에 놀다 정미소에 끌려갔어. 놈들은 몽둥이로 치고 칼로 뒷목을 쳤어. 정신을 차려 일어서려는데 목이 축 처졌다더군. 담을 짚고 겨우 집을 찾은 아버지를 할배가 짚북대기에 숨겼어. 아버지의 뒷목에는 칼자국이 한 뼘 정도 돼. 꿰맨 자국이 손가락 하나 크기보다 커.

"집은 불타지 않았다는데?"

"놈들이 처마에 불을 지를 순간, 할배가 막았다더군."

"아들마저 죽여 놓고 집까지 불태우면 우리는 우애 살라 카노?" 라며 둘러댔데.

"더러운 영감쟁이!" 욕하면서 물러갔다 하더라고.

"아버지는 그러한 몸으로 참전했다면서요?"

"이듬해 6·25가 터졌잖아. 영장이 나왔지만, 굵게 팬 목의 상처로 몇 차례 퇴짜 맞았어. 아버지는 그러한 몸으로 휴선되던 해에 입대했지. 나이 스물여덟 살이었어. 병력이 모자라 징집 당했어."

"박사사건 때 심하게 다치고, 6·25때 허벅지에 총상을 입고, 보상을 받은 적이 있는지요?"

"아버지는 사건과 6·25 전쟁 통에 죽을 고비를 두 차례나 넘겼지. 이쪽저쪽에 유공자 신청을 해 봤지만, 번번이 외면당했어. 2013년, 참전 용사라며 통보가 왔더군."

"무슨 혜택을 받는지?"

"금전적으로는 아무런 보상이 없어. 공원 입장이나 주차비 면제 등, 미미한 수준이야. 그것도 장남에게만 해당한다더라고."

14. 부상자 한명석 28세. 장남 한상용 3세. 울산시

4부

이웃 사람 이야기

희생을 당하지 않은 사람들은 그날 저녁, 출타했거나 공비들의 동태를 눈치 채고 미리 피신했을 터이다. 사랑방에서 일찍 집에 돌아온 사람, 술에 취해 잠든 사람은 더러는 목숨을 건졌다.

함께 뒹굴던 이웃사촌이 하룻밤 사이에 불귀의 객이 되었으니 그들의 목소리에도 똑같은 원怨이 서려 있었다.

너희 아버지를 네가 살린 셈이야

이 이야기는 작가인 우리 집 이야기다.

"엄마요, 아부지는 우째 그날 무사했는교?"

"너그 아부지도 샘거랑 사랑방에 놀러 갔어. 여느 때보다 집에 일찍 왔더라고."

"이녁, 우째 일찍 왔십니껴?"

"얼라[64]가 감기 기운이 있어 일찍 왔다."고 카데.

부모님은 줄줄이 딸만 생산하시다가 아들인 나를 낳았다. 늦게 아들을 봤으니 귀여웠을 것이다. 난 지 일곱 달 지났으니 한창 옹알이할 때다. 아버지는 그 모습을 보고 싶었을 터다. 어머니가 생전에 농담 삼아 이야기했다. "너그 아부지는 너 따문에 화를 면했다고."

불을 끄고 자리에 들었는데 앞집 부호 댁이 삽짝[65]을 세게 흔들며

"후동띠기[66]요. 마을이 절단났십더." 그 소리에 밖에 나

---

64) 아기

65) 사립문의 경상도 방언

66) 후동댁

가 보니 온 마을이 불바다가 된 기라.

"형님과 사촌 동생이 사랑방에 같이 놀았는데 가봐야겠다"며 너그 아부지가 옷을 주섬주섬 입고 뛰쳐나갔어. 우리는 방에서 벌벌 떨고 있었지. 한참 뒤에 큰집에 가봤더니 느그 아부지가 여섯 자 되는 너희 큰아부지를 업고 들어오데. 얼마나 재바리던지. 허연 옷이 피와 땀으로 범벅됐어. 너희 큰아버지 돌아가시고 느그 아부지 고생 많이 했니라."

"엄마요. 6·25 때 돌아가신 큰 삼촌은 우애 살아 남았능교?"

"느그 큰 삼촌(박한효)은 네 형제 중에 가장 똑똑했니라. 일본에서 돌아와 다배[67] 기계를 들여놓고 양말 짰어. 나중에 들은 얘긴데, 느그 잔아부지는 빨갱들이 쳐들어 왔다는 소문 듣고, 된장독에 몸을 피해 목숨을 건졌다 카더라. 느그 삼촌은 신심이 두터워 교회 영수(장로)했지. 목사가 귀할 때라, 목사 한사람이 여러 교회 번갈아 가며 예배 봤니라. 느그 작은 아부지가 목사 대신 수요예배, 새벽기도에 설교 자주 했제. 하도 믿음이 좋아 느그 할배, 박사교회 세울 때 논 한도가리 팔아 연보했다 카더라. 박사사건에는 용케 목숨을 건졌지만, 이내 전쟁이 터져 서른 살 훌쩍 넘어 십자군으로 전쟁터에 나가 전사했다 아이

67) 양말의 일본어

가? 아까분 사람인데…. 그 나이에 군에 간 사람 거의 없었지러. 박용묵 목사가 나라 지켜야 한다 케서 전쟁터에 갔던 기이라."

큰 삼촌은 일본에서 귀국 후, 양말 만드는 기계를 사들여 집에서 양말을 짰다. 소위 '양말공장'을 차린 셈이다. 일찍 기독교에 입문하여 믿음이 독실했다. 성경학자로 유명한 박윤선 목사의 『성경주석』을 사 들여 열심히 탐독하여 교인에게 설파했다.

故 고복선 1916년생. 작가의 어머니

아버지의 형제 사랑

돌아가신 아버지를 두고 법 없어도 사실 분이라고 했다. 구십 평생을 주어진 일에 묵묵히 일할 뿐 무욕의 삶이었다. 들판에서 소를 부릴 때는 아기처럼 달랬고, 어머니의 잔소리는 희미한 미소로 받아넘겼다. 타고난 천성에다 절제한 생활습관은 백 살은 거뜬히 넘길 줄 굳게 믿었다. 소주로 알고 들이켠 농약으로 말미암아 천수를 누리지 못한 것이 못내 안타깝다.

아버지는 고을에서 신비로 대접받던 할아버지의 네 아들 중, 둘째로 태어났다. 겨우 다섯 살을 넘긴 사고마한 몸피였다. 스무 살 되던 해에 열일곱 살 어머니를 만났다. 타고난 살림은 논 두 마지기가 전부였다. 할아버지 재산은 마을에서도 넉넉한 편이었다. 큰아버지는 종손이라 목 좋은 문전옥답과 여러 필지의 산을 챙겨주고, 두 삼촌도 적잖은 유산을 물려주었다. 아버지는 불평 한마디 한 적이 없었다.

부모님 회갑잔치. 1976년

'큰댁은 식구가 많고 동생들은 신접살림 장만해야 한다.' 초등학교 교과서에 나오는 '의좋은 형제'의 우애를 몸소 실천하셨다. 당신의 나이 서른여섯 되던 1949년 '박사사건'이 터졌다. 그날 밤 큰아버지는 공비들이 휘두른 칼에 돌아가셨고, 당숙은 칼끝이 급소를 비켜나가 겨우 목숨을 건졌다. 아버지는 죽음을 무릅쓰고 시쳇더미 속에서 큰아버지의 시신을 모셔왔다. 그 이듬해 육이오가 터졌다. 큰 삼촌마저 십자군으로 참전하여 돌아가셨다. 막내 삼촌은 사건 때 잿더미에 몸을 숨겨 목숨을 구했지만, 엄청난 충격을 받았을 모양이다. 받은 상처를 술로 달래다 정신이 흐려졌다.

이때부터 아버지의 삶은 고난의 길이었다. 넷 집의 농사일을 혼자서 도맡았다. 네 가정 모두 일꾼이 없었다. 할아버지는 농사일을 몰랐다. 한약방을 운영하면서 훈장을 했다. 처방을 잘한다는 소문이 퍼져 환자들이 많이 몰렸다. 할아버지가 직접 쓴 제중濟衆이란 글을 사랑방 입구에 걸어 놓고 어려운 환자들에게 인술을 베풀었다. 조부님이 세상을 떠났을 때, 당신을 추모하는 만장 행렬이 하늘을 가렸고 상여를 따르는 조문객이 길게 이어졌다. 아버지는 무논에서 농사짓는 사람인 줄만 알았고, 할아버지는 궂은일을 해서는 안 되는 줄 알았다.

일제 강점기 때, 기르던 소를 밀도살한 일이 있었다. 시기하던 사람이 지서에 밀고했다. 아버지는 당신이 한 짓이라며 모든 책임을 떠안았다. 일본 경찰의 태형은 모질고 질겼다. 아버지는 어머니가 길쌈한 보드라운 명주 천을 엉덩이에 겹겹이 넣었단다. 동행한 큰아버지와 어머니는 매 맞는 현장을 직접 보지는 못했지만, 철썩철썩 내리치는 매 소리에 귀를 막았다고 했다. 아버지의 엉덩이는 온통 피멍투성이였다.

"명주 천을 떼어낼 때마다 살점을 물고 있었다"는 어머니의 한숨 섞인 말을 자주 들었다.

아버지는 전쟁이 한창일 무렵, 군수물자와 식량을 보급하는 <보국대> 요원으로 진징에 끌려갔다.

"빅사사긴에 공비가 휘두른 갈에 온몸이 성한 곳이 없으니 신체검사에 떨어질 것이다."라며 당숙(박한도)은 아버지를 대신해서 보국대에 가겠다고 나섰단다. 그 뜻을 받아들이지는 않았지만, 목숨을 담보한 사촌 간의 우애는 살신성인의 표본이 아니었을까. 아버지가 형제에게 베푼 우애를 당숙도 알고 있었을 터이다.

구순까지 사시는 동안 정신이 희미한 막내 삼촌을 어린아이처럼 보살폈다. 아버지가 돌아가셔도 작은아버지는 매일 우리 집을 드나들었다. 출근부에 도장을 찍는 것처럼.

"형님 어디 가셨노." 아버지가 돌아가신 줄도 모르는 채…. 삼촌의 초점 없는 눈동자는 뭔가를 기대한다. 아버지는 하루에 소주 한 병씩 어김없이 드셨다. 머리맡에는 늘 소주병과 왕소금이 있었다. 두어 잔 정도는 삼촌 몫으로 늘 남겨 놓았다. 아버지가 세상을 떠나고는 소주 챙기는 일은 어머니의 몫이었다.

부모 다음으로 가까운 촌수가 형제다. 형제의 의는 천륜이 아닌가. 훈훈한 이야기는 뜸해지고 파열음만 들려온다. 유산에 각을 세우고 황금에 눈멀었다. 초상집 빈소에는 곡哭 대신 주판알 튕기는 소리만 요란하다. 상속 문제로 법정 싸움이 예사이다. 그 대열에는 빈부가 없고, 너와 내가 없다. 상그라운 세상이다.

수필집 『소금 세례』 중에서

잿더미 속에 숨어 목숨을 건졌어

이야기를 나눈 최일순은 나의 막내 숙모이다.

"나는 그때 결혼하고 한해 묵힌다고 친정에 있었지. 새벽녘에 시가에서 연락이 왔어. 박사 마실이 쑥대밭 되고, 시아주버님이 공비의 칼에 찔려 죽었다고. 이튿날 희붐할 때 친정 아부지와 시집에 도착했어. 머릿방에 시아주버님 시신을 눕혀놓고 손위 동서가 정신없이 울고 있더라고. 결혼만 했지 아주버님을 자세히 볼 기회가 자주 없었지만, 키도 훤칠하고 인물이 좋았어. 새 색시 시절이라 우애해야 할지도 모리겠고, 그냥 벌벌 떨었어."

"막내 삼촌은 어찌 화를 면했는지요?"

"빨갱들이 들이닥쳤을 때 느그 삼촌은 사림마다[68]만 걸치고 자고 있었대."

"이놈, 어서 나와!" 놈들의 성화에

"옷을 입고 나가겠다." 하고는 놈들의 눈을 피해 헛간 채 잿더미 속에 파고들어 살았다 카더라고."

"느그 작은아부지 나이 들면서 정신이 혼미했지만, 소싯

68) 팬티

적엔 힘도 셌고, 무척 재발랐던 기이라."

최일순. 1931년생. 박사리

술이 목숨을 지켰어

"어떻게 해서 어른(장성천)께서는 목숨을 구할 수 있었는지요?"

"내가 시집온 지 사 년 되었어. 연년생으로 딸 아들을 낳았지. 그날 저녁은 하양에 있는 질녀 잔치에 갔어. 바깥어른이 거나하게 술을 자셨지. 마침 하양장날이라 옹기를 샀어. 단지를 지고 집으로 왔지. 취해 넘어져 혹여 단지를 깨지 않을까 걱정했지만 잘 오더라고. 이십 리 길을 짐을 지고 걸었으니 피곤했던가 봐. 사랑방에 나가지 못하고 코를 골더군. 갑자기 밖이 소란했어. 여러 사람이 죽었다는 소리를 듣고, 남편은 속옷 바람으로 짚동 새 숨었어. 공비들이 짚단에 불을 지펴 집집이 불을 지르며 나왔지. 아래채에 불이 붙었어. 네 살짜리 딸은 안고, 세 살 난 아들은 업고 뛰쳐나왔어. 앞 논 미나리꽝에 짚을 깔고 아이들을 내려놓고, 이불을 덮어주었어. 살얼음이 얼었으니 얼마나 추웠겠노? 짚동에 숨어있던 바깥양반은 붉은디에 피신했어.

뒷집 닭장에 닭들이 전부 타 죽었어. 이튿날, 배가 고파 죽은 닭을 뜯어 먹었지. 화근 내가 나서 도저히 못 먹겠더라고. 남편이 술에 취하지 않았으면 사랑방에 갔을 거야. 결국, 술 때문에 목숨을 구한 셈이지."

김영자. 1927년생. 박사리

음주·가무 덕택에

"아재는 어찌 무사했는지요?"

"그 양반(이광수)은 부욱[69]에 있는 술집에 놀러 갔어. 워낙 놀기 좋아하는 사람이라 술집에 살다시피 했지. 공비가 쳐들어온다는 소문이 무성하여 어린 딸과 불안에 떨고 있었지. 놈들은 벌써 마을 청년들을 논 마당에 끌고 갔어. 위급한 가운데도 박상춘 어른은 어린 이팔곤을 안고 변소에 숨더라고. 나도 엉겁결에 두 살 난 딸을 안고 변소에 숨어들었어. 좁은 재래식 변소에 네 명이 숨을 죽이고 있었지. 아이가 울음소리를 낼까 봐 조마조마했어. 남정네가 바로 앞에 있었지만, 체면 볼 것 없이 치고리 섶을 올린 채 젖꼭지를 물렸어. 온몸이 사시나무처럼 떨리더라고. 주위가 잠잠하여 밖에 나갔지. 논에는 허연 시체들이 뒤엉켜 있었어. 칼에 찔려 살려달라는 소리도 들리고. 피비린내가

69) 자연부락 이름

코를 찌르더군. 변소에 피해 목숨을 건진 박상춘 어른은 팔곤이 때문에 살았다며 그를 무척 귀여워했어."

"아지미는 그 뒤 어떻게 하셨나요?"

"아기를 업고 허겁지겁 큰집에 갔어. 잠든 아주버님은 빨갱이 소문을 듣고 흘러내린 바지를 새끼로 묶더라고. 허리끈을 찾을 경황이 없었을 거야. 아주버니는 골목 어귀에 쓰러져 있는 시신을 목격하고는 혼비백산, 아랫골을 거쳐 동강리 먼 친척 집에 도망갔어. 이튿날 낮에 돌아오더군.

"아재는 술 좋아하고, 놀기 좋아해서 살아난 셈이네요?"

"맞다. 술 때문에 속을 무던히 태웠어. 시도 때도 없이 양식을 퍼내 마셔댔으니. 혈기 넘칠 때라 그럴 수도 있었겠지. 거기엔 술 시중드는 여인네도 있었어. 미웠지만, 우짯겠노? 영감이 잘못될까 봐 뜬눈으로 밤을 새웠어. 이튿날 오후에 허우적허우적 돌아오더라고. 웃지도, 울지도 못하고…. 음주 · 가무가 목숨을 구했으니 다행이라 생각했어. 그 양반은 마을 전체가 불바다 되는 것을 보고 무학산 산길을 따라 와촌지서에 피신했다 하더군. 무학산 나무그늘이 영감을 감싸주었을 것 같애."

무학산은 무학의 나래 형상이다. 무학의 나래는 박사·소월·신한·대한·강학1.2·음양1.2리를 안고 있다. 무학산은 천년 고찰, 불굴사를 품고 있다.

박부돌. 1929년생. 박사리

무학산이 품은 불굴사와 아동제일약수我東第一藥手

상서로운 기운이 흥건히 고인 곳, 무학의 나래가 불굴사를 품고 있다. 경산시 와촌면 강학리 5번지에 위치한 신라 시대의 고찰이다. 서기 690년 신문왕 10년, 원효대사가 창건했다. 김유신 장군은 삼국 통일을 염원하며 수도했던 사찰이다.

불굴사가 거느린 산등성에는 꽃의 바다다. 연보라색 자두 꽃이 하르르 떨어지면 연분홍 복숭아가 꽃잎을 벙긋벙긋 연다. 옛날에는 이곳 전체가 밤밭이었다. 이른 여름이면 하얀 밤꽃이 망울을 터뜨린다. 남성 특유의 향이다. 비릿한 냄새는 외로운 여인을 잠 못 들게 하였을 것이다. 단학丹學에는 세 가지 보물 중에 정精이 들어 있으니 정이 강해지면 기가 세어진다 했다. 자식을 보고자 수많은 아낙이 찾았던 기도처로 유명하다. 그 정精을 받으러 여인네들의 발걸음이 끊어질 날이 없었으리라. 팔공산 양지바른 곳에 우뚝 선 갓바위 약사여래가 남성적이라면 불굴사의 약사여래는 음의 기운을 품고 있다. 약사 신앙의 성지인 갓바위 부처님과 불굴사의 약사여래와 음양설은 기막힌 조화이다.

조선 중기 때까지만 해도 오십여 채의 전각과 열두 개의 암자를 거느렸다는 설이 전해 오지만, 증빙된 자료를 찾을 수가 없다. 가장 최근의 밝혀진 것으로 20세기 초에 백연아 보살님이 쓰러져가는 약사전에서 공덕을 느리며 이 절을 보전하였다. 입적하기 전, 외손자인 혜광스님(속명 김천석)이 절을 넘겨받아 부처님의 가르침을 펴나갔다. 1984년 신도들의 도움을 받아 불사를 일으켜 올림픽이 열리던 해, 본당을 완공했다.

불굴사 오르는 길, 반세기 전만 해도 사람이 겨우 다닐 수 있는 지겟길이었다. 목장을 조성하고 과수원이 들어섰다. 번듯한 현대식 건물이 들어오고 제2의 약수터로 사랑받던 방앗골 골짜기는 모래 채취로 말미암아 허연 속살을 드러냈다. 소달구지 덜거덕거렸던 신작로는 대구로 관통하는 도로가 시원하게 뚫렸고, 산허리를 자른 고속도로에는 차량의 행렬이 매연을 뿜으며 내닫고 있다.

한 세기를 지나면서 불굴사의 경내도 많이 변하였다. 계단을 오르면 정면에는 진신사리를 모신 적멸보궁이 자리하고 왼쪽으로는 기도처다. 오른쪽을 감고 돌아 조금만 오르면 교실만 한 큰 바위를 머리에 인 홍주암이 나타난다. 대사의 기도처였던 홍주암은 팔공산이 자랑하는 팔경 중 하나이다. 단단한 바위틈을 비집고 뿌리내린 천 년 노송이 파수꾼처럼 버티었다. 김유신은 낙락장송의 고고한 기개를 화랑정신으로 승화하지 않았을까. 홍주암을 비켜서면 바로 능선이다. 훤히 뚫린 동녘 하늘 아래 신라의 도읍지인 경주다. 장군은 그곳을 바라보며 국가의 안위와 삼국 통일의 뜻을 키워나갔으리라.

불굴사의 자랑은 원효와 김유신이 마셨다는 아동제일약수我東第一藥水이다. 바위틈에서 토해내는 물줄기는 수천 년이 흘러도 수맥을 끊지 않는다. 단단한 바위를 헤집고 흐르는 물은 마치 순진무구한 아가의 오줌 줄기 같다. 사방을 둘러봐도 약수를 발원할만한 곳을 찾을 수 없는 척박한 돌 틈이다. 영겁의 세월에도 약수를 뿜어내고 있으니 신비롭기 그지없다. '아동제일약수',

이름에 걸맞게 위장병·신장염에 특효이고, 미용에도 좋아 여인네의 발길이 이어진다.

약수터를 비켜서면 바로 무학산의 능선이다. 마치 학이 나래를 활짝 편 형상이다. 오밀조밀한 마을이 한눈에 들어오고 왼편으로는 환성사가 산허리에 엎드렸다. 낙타 허리 같은 능선을 타고 오르면 우뚝 선 감투봉이 위용을 자랑한다. 낙엽 쌓인 푹신한 길은 등산객의 피곤한 발목을 애무하고, 스님의 독경은 까칠한 심성을 어루만진다. 소슬바람이 이는 가을이면 떨어진 솔잎을 뚫고 봉곳이 돋아나는 송이의 향은 코끝에서 향기롭다.

밤 숲의 가랑잎을 뒤지면 토실토실한 알밤이 지천으로 깔려있다. 귀를 쫑긋 세우고 눈을 반들거리는 다람쥐와 함께 알밤을 뒤졌다. 골짜기에서 내려오는 청정한 개울의 돌 틈에는 발간 가재가 누워 있다. 무학산의 바위는 결이 좋아 구들장으로 제격이었다. 아버지와 지게로 날라 설치한 온돌방은 반세기를 훌쩍 뛰어넘었어도 따뜻한 온기를 온전히 보전하고, 널브러져 있는 잔석의 흔적은 옛 역사를 오롯이 지키고 있다.

머리가 복잡할 때마다 불굴사를 즐겨 오른다. 장좌불와長坐不臥의 성철 스님의 탐독서가 성경이라 했나. 신앙의 깊이가 얕아 오묘한 진리를 모르지만, 사랑과 자비의 꼭짓점은 비슷하지 않을까. 발아래 고향 마을이다. 둥근 박을 얹었던 초가는 사라진지 오래고 그 자리에 네온이 번쩍인다. 환락의 소리가 들려온다. 법화경에 화택이란 말이 머리에 스친다. 중생은 자기 집에 불난 줄도 모른 채, 희희낙락하는 형국이다.

거듭 약수를 들이켠다. 때 묻은 영혼이 조금이라도 청정해질 수 있기를 소망한다.

2011년 전국수필대전 수상작

소나무에 올라 몸을 피했지

그날, 동강리에 사는 매형과 외할매가 다니러 왔기에 집에 있었어. 여덟 시가 조금 넘어 사방이 환해지기 시작했어. 공비들이 집집이 불을 질러오는 거야. 급히 몸을 빼내어 외진 곳에 사는 사촌(박만태)의 청솔 나뭇단 사이에 몸을 숨겼지. 여기도 안전지대가 아니라 생각하고, 붉은디에 있는 소나무에 올라갔어. 나무에서 바라본 마을은 온통 불바다였어. 안각단·샘거랑·서당각단·개미각단·부욱 등, 마을 전체가 화염에 휩싸였어. 그 상황을 어떻게 표현할 수가 없네.

그날 저녁에 박춘발 씨의 소는 타서 죽고, 돼지와 닭들이 많이 타 죽었어. 골목마다 개 짖는 소리, 닭 우는 소리, 사람들의 신음…. 말 그대로 아수라장이었어. 공비들이 철수하였지만, 겁에 질려 제대로 잠을 잘 수 없었어.

밤에는 와촌지서에서 마련한 마을에서 자고, 날이 밝으면 집에 올라왔어. 한 달 가까이 그런 생활했을 거야.

붉은디 소나무 위에서 내려다본 불타는 마을은 죽을 때까지 잊지 못할 거야. 세상 어느 불꽃놀이가 여기에 비교할 수 있을까?

'붉은디'[70]는 마을 앞, 작은 도래솔이다. 흙 색깔이 붉어 붉은디라 불렀을 터다. 거기에는 등 굽은 소나무 여러 그루가 있었다. 정월 대보름이나 추석엔 늙은 소나무에 그네를 맸다. 댕기와 치맛자락을 휘날리며 창공을 가르는 처녀들의 맵시는 제비처럼 날렵하다. 바라보는 총각들의 넋을 빼놓기 충분했다. 연필깎기 칼을 주머니에 넣고, 그넷줄에 칼침을 주겠다며 으름장을 놓는 짓궂은 총각들도 더러는 있었다. 그러나 그넷줄이 끊어지는 일은 없었다. 익살스러운 장난이었다.

박만술. 당시 18세. 박사리

소를 몰고 가는 공비에게

우리 형님은 소 장사를 했어. 마구간에는 큰 황소와 어미소는 늘 있었지. 놈들은 호시탐탐 우리 집을 노렸을 거야. 공비가 소를 몰고 가는 것을 아버지가 고삐를 잡아낭기며

70) 마을 앞동산 이름

막았어. 아버지는 놈들에게 라일만 씨 사과밭에 끌려가 온몸이 퍼렇게 멍이 들 정도로 맞았어. 그들은 수시로 내려와 쌀독에 넣어둔 곡식을 송두리째 뺏어갔어. 심지어 안방 시렁에 올려놓은 신줏단지의 쌀까지도 약탈해 갔으니까.

최광태. 당시 10세. 박사리

군인들이 주둔했던 초소는 움푹 팬 채

나는 대동리 숯골에 살았어. 할아버지는 동장을 맡고 있었지. 박사동을 쑥대밭으로 만든 공비의 일부는 대동리를 경유 천성암을 거쳐 놈들의 아지트로 철수했어. 가는 길에 우리 집을 습격했지. 우리 형편은 여유가 있었던 편이야. 그들은 무엇이든 닥치는 대로 자루에 쑤셔 넣더라고. 양식이며 옷가지며. 심지어 엄마 시집올 때 장만한 치마저고리마저 뺏어갔어. 어머니는 옷을 돌려달라고 애원했지. 겨우 외투만 돌려받았어.

놈들이 할아버지에게 짐을 운반하라고 위협 하더군. 할배는 자루를 짊어지고 천성암 산기슭까지 끌려갔어. 죽는 줄 알았대. 나이도 많고 대동리 사람이라 생명을 건졌을 것 같아. 겁에 질린 나는 어머니와 함께 사부랑71) 고개 근

71) 청통면을 넘어가는 고개

처에 도망갔어. 지금 서영주 집일 거야. 거기서 박사동을 바라보니 불길은 하늘로 치솟고, 대낮같이 밝았어. 사건이 잠잠한 뒤, 장병들이 우리 집 뒷산에 주둔했어. 이듬해, 6·25가 터질 때까지. 어릴 적, 방공호에서 숨바꼭질하고 놀았어. 흔적이 희미하게 남아 있어.

국군 주둔지

박사리에서 내를 건너면 대동리 숲골이다. 야트막한 산에 올랐다. 박사리를 한눈에 조망할 수 있었다. 국군은 잔당의 침략을 경계하고 공비들의 동태를 살피고자 초소를 만들었다. 박사리 살아남은 청년과 이웃 마을 젊은이들이 돌아가며 보초를 섰다. 방공호는 세월의 풍상으로 거의 자취를 감췄다. 막사를 설치한 자리만 움푹한 채 옛 모습을 희미하게 간직하고 있다.

정일우. 당시 7세. 박사리

정원덕 선생은 정태곤 장로가 설립한 정미소를 운영했다. 유족들의 진술이 엇갈려 선생의 아들, 정성훈 씨의 연락처를 추적하여 그의 증언을 들었다. 그는 마을 이야기를 역사에 남겨야겠다는 나의 취지를 공감하고 각종 자료 수집에 적극적으로 협조했다.

사진제공 : 서울 정성훈. 뒤편에 서 있는 어른들은 모두 세상을 떠났다. 앞줄에 서 있는 유아들은 2016년 현재, 80세를 훌쩍 넘겼다. 유아 중, 정성훈 · 이달수 · 박인한 · 정성희의 얼굴이 보인다.

"나의 본적은 박사리 360번지요. 유년 시절에는 그곳에서 자랐지만, 초등학교는 대구에서 다녔어요. 여덟 살 때,

어머니는 나의 교육문제로 아버지를 정미소에 홀로 두고 대구로 나왔지요. 어머니는 '맹모삼천지교'를 몸소 실천한 셈이지요. 박사사건 당일은 돌아가신 아버지 시신을 방앗간에 모시고 있었어요. 아버지는 경북도청에 근무하시다 퇴직하고 해방 후, 정미소를 운영했어요."

"정원덕 선생은 안전사고를 당했다지요?"

"아버지는 도정기 모터에 벨트를 걸다 팔이 말려들었어요. 대구 동산병원에 입원했지만, 출혈이 심해 돌아가셨어요. 그런 와중에 놈들이 들이닥친 겁니다."

"사람이 죽었는데 무슨 짓이냐? 금수만도 못한 놈들." 서슬 퍼런 할머니의 꾸짖음에 그들은 문을 닫더래요.

"방 안에 있는 사람들은 안전했고, 밖에 계신 분들은 모두 변을 당했어요."

"작고하신 어른께서는 진학하지 못한 청소년을 지도했다 하던데….?"

"아버지는 그 당시 교회영수(장로)이었지요. 교회를 새로이 건립할 때 할머니와 함께 깊숙이 참여했다고 하더군요. 선친은 초등학교에 들어가지 못한 아이들에게 동사洞舍에서 공부를 가르쳤어요. 학생 수가 제법 많았답니다. 비록 안전사고로 돌아가셨지만, 사고가 없었더라도 목숨이 위태로웠을 거예요. 공무원 출신에다 교회 장로이자 농촌계몽 운동까지 펼쳤으니, 당연히 놈들의 표적이 되지 않았겠어요?"

동사洞舍는 크고 작은 마을 일을 의논하며 주민과 애환을 함께 나눈 자리다. 이곳에서 1949년 전·후엔 정원덕 선생이 농촌 계몽 운동을 펼쳤다. 휴전되던 1953년에는 박학식, 박춘길, 고상문이 청·소년을 지도했다. 이십 년이 흐른 뒤, 나는 허름한 마룻바닥에 남포등을 켜고 중학교에 진학하지 못한 청·소년에게 중등과정을 가르쳤다. 박정희 대통령이 재건국민운동을 벌였을 때, 설립한 소위 '재건중학교'다. 동사는 진학하지 못한 불우한 소년·소녀들이 주경야독하며 형설의 공을 닦은 배움의 요람이었다. 그들과 함께 뒹굴었던 추억이 배인 자리이다. 세월이 흐른 지금은 주택으로 변해 그 자리를 지키고 있다.

정원덕(정사덕)33세. 아들 정성훈. 당시 15세. 서울

동사와 재건중학교

재건중학교 제1회 졸업식. 1969년

동사는 희미한 남포등이 흔들거리고 있었다. 모기와 하루살이는 호야불을 향하여 돌진하며 찌직 찌직 자기 몸을 불사른다. 구멍이 숭숭 뚫린 마루에는 학생들이 웅크리고 앉았다. 책은 펴고 있었지만, 마음은 콩밭에 가 있다. 숲골 강변, 가설극장에서 울려 퍼지는 확성기 소리가 학생들을 유인한

다. '마도로스 도돔바' '잘 있거라 부산항' 미성의 가수 백야성의 노래가 손님을 끌고 있다.

"선생예, 오늘 문화극장 가입시더." 교실이 술렁인다.

"좋다." 내심 가고 싶었던 터다. 가설극장 주변에는 처녀·총각이 한데 어우러져 시끌벅적하다. 전등이 꺼지고 영사기가 돌아갔다. 잘 생긴 남·여 배우의 애정 행각이 스크린에 나타난다. 때를 놓칠세라, 엉큼한 총각의 꺼칠한 손이 처녀의 앞가슴을 슬쩍 스친다.

"이눔의 종내기[72] 어디라고 손장난 치노?" 라는 처녀도 있고, 짐짓 모르는 체하는 아가씨노 더러는 있었다. 영화가 무르익을 때쯤 화면이 갑자기 나가버린다. 발전기가 고장 났을 터다.

재건중학교 소풍 : 불굴사. 1972년

72) 사내 녀석의 방언

"돈 돌려 달라"는 고함이 여기저기서 터진다.

"다음 날, 모든 사람에게 공짜로 구경시켜 드리겠다"는 약속을 받고야 투덜대며 집에 돌아간다.

몇몇 학생과 동사에 돌아왔다. 갑자기 무더위를 식혀주는 소나기가 양철 지붕을 힘차게 두드린다.

"샘예, 바래 드리겠심더." 비닐우산을 받쳐 든 여학생이 나의 팔을 살포시 감아왔다. 겨우 터를 잡은 젖 망울이 어깨에 전이 된다. 누가 볼세라 주위를 살폈다. 사제간의 부끄러운 모습을 감춰 주는 칠흑 같은 밤이 얼마나 고마운지.

초상집에 갔다가

내가 시집오기 전, 일어났던 일이지요. 시어머니께 들은 이야깁니다. 그날 공비들이 우리 집을 습격하여 아버지와 문상 온 두 사람을 끌고 나갔어요. 바로 불을 질렀어요. 시어머니는 병석에 계신 증조모를 이불로 감싸 뒷밭에 모셔놓고, 불을 끄려 했어요. 활활 타오르는 불길을 아녀자의 힘으로 어떻게 잡을 수 있겠어요?

"붙들려간 시아버지는 어떻게 됐는지요?"

"용케도 살아왔어요. 그즈음 시아버지는 팔을 심하게 다쳤어요. 팔을 묶은 수건을 목에 걸고 있었답니다."

"팔을 다쳐 위기를 모면했군요?"

"그런 셈이지요."

"너는 팔이 병신 됐으니 팔공산에 나무하러 가지 못하겠구나. 꺼져!"라는 소리를 듣고, 정신없이 도망쳤대요.

남편의 안전을 확인한 시어머니는 한숨을 돌렸지만, 외동아들(정명석)이 보이지 않아 실성한 사람처럼 헤맸어요. 시쳇더미를 뒤적이며 밤새 아들을 찾아다녔어요. 아들은 그것도 모른 채 누나의 손에 이끌려 방거리[73]에 사는 박노전댁에 도망갔어요. 거기서 하룻밤을 머물다 이튿날 아침에 돌아왔어요. 시어머니는 아들이 잘못되지 않았을까 뜬눈으로 밤을 새웠대요. 가슴이 숯덩이가 됐다 하더군요. 초상집에 문상 왔다 죽임당한 음양동 아재는 얼마나 억울했겠어요."

정명석의 부인 윤복분. 박사리

사돈의 허락도 없이

이야기를 나눈 사람은 나의 종고모이다.

아버지·어머니·언니·사촌 오빠(박세희)와 같이 좁은 방에 놀았어. 앞집 방천만의 각시가 허겁지겁 우리 집에

73) 소월리 자연부락

오더군.

"미동 양반요, 어떤 사람이 우리 신랑 잡아 갔심더."

"아부지요. 내가 나가 보고 오겠심더. 둘째 언니는 옷을 챙겨 입고 나가려는 아부지를 말렸어. 언니는 사태가 심상치 않다는 것을 느꼈을 것 같애."

"아부지요. 마을이 절단 났심더. 어서 숨으소." 아버지와 사촌 오빠는 재랍[74]더미에 숨었어.

"고모는 어떻게 했나요?"

"혹여나 싶어 침을 발라 뒷 봉창을 뚫었지. 벌써 서당각단·개미각단에는 불바다가 됐더라고. 엄마는 옷가지를 챙기기에 정신이 없었어. 급히 서두르다 보니 시렁 위에 올려 둔 달걀 바가지를 방에 터뜨렸어. 달걀이 방안을 칠갑했지. 먹지 않고 아끼고 아꼈는데…. 한참 지났을 거야. 언니는 나를 데리고 최남동 댁에 가더라고. 헛간에 있는 등겨 가마니에 나를 내려놓고, 꼼짝마라 하고는 사라졌어. 가운데 골목, 사촌 오빠 집에 불 끄러 갔다더군. 언니가 올 때까지 덜덜 떨었어. 그 길로 큰 큰집에 갔지. 큰 큰집 오빠(박한태)의 시신을 너희 아부지가 업고 들어왔어. 목이 축 늘어진 것을 내 눈으로 똑똑히 봤지. 놈들의 칼이 목을 깊숙이 쳤을 것 같았어."

---

74) 대마초 줄기. 경상도 방언

고모, 박귀선의 증언이다.

아부지와 우리는 배추 뿌리를 먹고 있었어. 봉창 뒤로는 불길이 벌겠지. 아버지와 오빠는 헛간에 숨었어. 난데없이 배재기 오빠가 팔을 싸잡고 헐레벌떡 뛰어오더군. 덜렁거리는 손목을 본 엄마는 비명을 질렀어. 그 소리를 똑똑히 들었어.

"고모는 겁나지 않았나요?"

"오들오들 떨었지. 기막힌 이야기 하나 해 줄까. 월성동에 시집간 언니는 결혼한 상태였어. 결혼하고 한 해를 묵혀 시집가는 것이 그때 풍습이있잖아. 사건이 터진 다음 날, 아버지는 큰집 오빠 초상을 치른다고 정신이 없었지. 그 사이 언니는 시아버지 따라 시집에 가버렸어."

"친정에 그냥 두면 우리 며느리 죽을 수도 있다"고 말하면서. 사돈의 허락도 없이.

박남선 7세. 경산시 하양읍. 박귀선 11세. 영천시 신령면

또래들이 담벼락에 낙서한 뒤,
잡아간다기에 벌벌 떨었어

공비들이 우리 집을 습격했을 땐, 나는 정신없이 자고 있었어. 놈들은 엄마에게 가져온 자루에 쌀을 퍼 담으라고 윽박질렀대. 쌀자루를 지고 제대로 일어나지 못해, 떠밀어 주었다고 말했어. 공비가 상당히 어려 보였대.

"이불 속에 있는 놈은 누구냐?"라며 이불을 들쳤대. 이불 속에는 배코를 친 까까머리 아이가 있었지. 그가 바로 나야. 마을이 난리 북새통이 났지만, 그것도 모른 채 깊은 잠에 빠져있었어.

"언제 잠에서 깨어났는지요?"

"엄마가 아래채에 불이 붙었다며 빨리 일어나라." 하더군.

"마을이 어떻게 변했던가요?"

"대낮같이 밝았어. 만삭인 형수와 할머니는 짚동에 숨게 하고, 할배와 나는 불을 끄기 바빴어. 급한 김에 변소의 똥물을 지붕에 냅다 퍼부었지. 공동 우물이 집에서 멀리 떨어졌잖아? 불이 번지지 못하도록 멍석을 지붕에 던져 올렸지."

"뚜렷이 기억나는 것이 있다면요?"

"골목에는 배순호 · 방의소 · 박태준 · 배영재 등 또래가 많았지. 누군가가 분필로 담벼락에 낙서했어. '누구누구는 사상이 빨갛고….' 낙서한 사람을 순경이 붙잡아 간다기에 또래들은 벌벌 떨었지."

"형님의 삼촌도 죽임을 당했는데, 직접 목격했는지요?"

"삼촌(최영암)은 남의 집 아래채에 살면서 고용살이했어. 숙모와 갓난아기가 있었지. 자세한 과정은 잘 몰라. 난 지 겨우 몇 달 안 된 사촌 동생(태달)은 전국을 떠돌며 숱한 고생 했어."

최달환. 1939년생. 칠곡 읍내동

외딴곳에 피신하여 살았어

그때는 늑대가 득실거렸어. 해가 지면 무서워 밖에 나가지 못했지. 늑대에게 물린 사람이 여럿 있었잖아. 나는 일찍 잠이 들었어. 오촌 아재가 급하게 문을 두드리는 거야. 아랫마을이 불바다가 됐으니 빨리 피하라 하더군. 아버지와 어머니, 우리 가족은 외딴곳인 방실근의 집에 피신했어. 우리가 없는 사이 집은 홀랑 디비졌지. 공비들은 숫자가 부족하여 외진 곳까지는 손이 미치지 못해 우리는 살았어. 다음 날, 집에 갔더니 초가는 잿더미가 되어 흔적없이 사라졌어.

방인환. 7세. 와촌면 대한리

목숨을 지킨 백발

친구 김수용과 아래채에서 공부하고 있었어.

"춘길아, 어서 피해라"는 아버지의 소리에 급히 뛰쳐나왔지. 마을은 대낮같이 밝았어. 친구와 함께 논 마당 짚더미에 숨었어. 벌써 여러 사람이 이불을 덮어쓴 채 벌벌 떨고 있더라고."

"아버지는 어떻게 무사했는지요?"

"아버지도 놈들에게 붙잡혀 논 마당에 나갔어. 공비들은 나이 육십이 넘은 사람은 나오라"고 했어. 티끌만 한 양심은 있었겠지. 예순 이상과 십오 세 미만은 죽이지 않았다고 했으니까."

"아버지 연세가 얼마였는지요?"

"그해 환갑이었어. 아버지가 일어서고, 뒤이어 박춘발 형님이 뒤따라 일어섰어. 쉰여덟 살이었지만, 머리가 백발이었어. 임기응변이 능했을 것 같아."

"총알이 아깝다. 영감탱이들은 돌아가라"고 했다더군. 흰 머리카락이 목숨을 살렸어."

"동사에서 진학하지 못한 청·소년을 가르쳤다지요?"

"1953년, 중학교를 졸업하고, 군에 갈 때까지 약 일 년 동안 초등학교에 들어가지 못한 아이들을 가르쳤어. 친구 박학식이 교장 격이었고, 나와 고상근은 선생 노릇 했어. 과목은 국어·한자·산수·국사 정도였어. 박사사건 이전에는 정원덕 어른이 청소년을 지도했어."

"박학식 교장과 고상근 선생의 연락처를 아는지요?"

"박학식은 후손이 끊어진 줄 알고 있고, 고상근은 못 본 지 사십 년이 훌쩍 넘었어. 모두 농촌계몽에 힘을 썼는데…."

박춘길, 1933년생, 대구시

어머니는 아버지를 찾고자 시체더미를 뒤졌어

사건 때 희생을 당하지 않았지만, 허성수 어른은 마을의 유지로서 넓은 과수원을 경영했다. 공비들이 수시로 내려와 그를 괴롭혔을 터이다. 후손을 찾아 겪었던 이야기를 듣고자 백방으로 수소문했다. 그의 아들 허석렬 씨는 사건 당시 16세로서 중학생이었다. 나의 취지를 듣고 당시의 상황을 소상히 들려준다.

"나는 사건이 터진 날, 대구에 있었어. 직접 목격하지 않았지만, 어머니에게 들은 이야기야. 아버지는 공무원 생활을 접고, 동장을 하면서 과수원을 경영했지. 농장이 넓고 가정 형편이 괜찮은 편이었어. 나는 부모님 몰래 사과를 따 친구들과 자주 나눠 먹었지. 어려웠던 시절이잖아. 아버지는 밤손님들을 늘 경계했어. 언제 들이닥칠까 봐 집에서 주무시는 일이 드물었어. 아버지는 그날 저녁, 마을이 불바다가 되는 것을 보고 바로 지서로 달려가 신고했어. 부상한 몇몇 청년이 지서에 들어오는 것을 목격했대. 아버지는 지서에 머물다 군용 트럭을 타고 박사에 돌아왔어. 그런 줄도 모르고 어머니는 시쳇더미를 뒤지며 아버지를 찾았어. 정미소 맞은 편 골목에서 주검들을 뒤적이다 김영달 씨의 시신을 발견했다더군. 그분은 바로 이웃이었어. 들어가는 골목길이 없어 우리 집 과수원을 이용했지. 키도 크고 늘 웃는 모습이었어. 아버지를 찾아 헤맸을 어머니의 가슴은 까맣게 탔을 거야."

"언제 박사를 떠셨는지요?"

"사건이 터진 뒤에도 산에 번쩍이는 불빛을 가끔 봤어. 서로 연락하는 봉화이었겠지. 어머니는 마을의 처참한 광경을 목격하고 정신적으로 큰 상처를 입었어. 어머니의 성화에 못 이겨 마을을 떠나기로 결심했어. 농장을 일정 기간 마을 사람에게 맡겼지만, 이내 헐값에 넘겼어."

"선생님 댁에 피해는 없었는지요?"

"직접적인 피해는 없었지만, 사건 전·후로 자잘한 피해는 더러 있었지. 양식과 옷가지 등. 사건 터지는 날, 여동생은 경황이 없는 가운데도 앉은뱅이 미싱을 가마솥에 감추었어. 순간적으로 기지를 발휘했을 것 같애. 공비들은 집안을 마구 뒤졌어. 나의 계성학교 교복과 마크를 봤으니 눈에 쌍심지를 켰겠지. 그들은 기독교를 적대시했잖아?"

"이 집 주인은 어디 도망쳤노?" 집에 불을 지르려 했어. 초등학교 다니는 여동생이

"아저씨 제발 불을 지르지 말라"고 통 사정했대.

"다행히 불타지 않았어. 무리 중에는 인도적인 사람도 있지 않았을까 생각해. 그들이 작전을 끝내고 돌아가는 구둣발 소리에 우리 식구는 오들오들 떨었나 하너군. 그들로 인해 우리 가족이 고생한 것을 생각하면 너무 억울해."

증언하는 허석렬 선생은 서울 생활을 청산하고, 대구로 내려왔다. 박사사건의 진상을 세상에 알리고자 친구 정월제·전달출(매일신문 사장 역임)·서윤태(고려대학 동기, 경찰서장 역임)와 더불어 대책을 마련코자 자주 만났다. 뜻을 이루지 못해 아쉬워했다.

허석렬. 1933년생. 대구

너무 똑똑하여 명대로 못살았다

박사사건 전·후로 공비들의 행패는 박사리에만 저지른 것이 아니었다. 그들의 아지트와 가까운 마을에 자주 내려와 주민을 괴롭혔다. 지리적으로 치안 당국의 손이 덜 닿은 대동1동(한골)을 찾아 공비들의 만행을 체험한 주민의 이야기를 들었다.

그의 아버지는 약방을 경영했어. 집이 넉넉했지. 그가 칼에 찔려 죽었을 때는 벼가 누렇게 익어갈 때쯤이야. 그의 주검을 발견한 자리는 나락 논, 도구[75] 자리였어. 배운 것도 많아 아주 똑똑했어. 한마을 아가씨와 결혼했지. 결혼하고 얼마 되지 않았어. 딸린 자녀도 없고. 죽임을 당한 날은 처가에 있다가 놈들에게 묶여갔어. 그들의 말을 잘 듣지 않았을 것 같애. 점마[76] 근처에서 놈들이 일으킨 칼바람에 이슬같이 사라졌어. 아까운 사람인데.

"그 당시 치안은 어떠했는지요?"

"구멍이 많았지. 우리 마을에도 놈들이 자주 출몰하였어. 와촌지서에 신고했지만, 거의 출동을 못 하더라고. 공비들의 위세에 눌렸는지 모를 일이야. 순경도 몇 사람 되

---

75) 작은 물길
76) 자연부락

지 않았으니까."

"지서에 불려가 조사를 받은 사람이 더러 있었다는 소문이 있던데요?"

"나도 여러 차례 지서에 불려갔어. 놈들과 내통하지 않았는지, 심하게 추달하더군."

"박사에서 사건 터진 날, 대동리에는 피해가 없었는지요?"

"우리 마을엔 직접적인 피해는 없었어. 다만, 사건이 터진 다음 날, 우리 마을 청년들은 자진하여 장례를 도왔어. 22연대에서 설치한 숲골 뒷산 방공호에 번갈아가며 보초를 섰어. 병력이 철수할 때까지."

또 다른 한 분의 증언이다.

공비들은 우리를 많이 괴롭혔어. 한 번씩 내려올 때마다 양식과 옷가지를 약탈해 갔지. 양식이 없다 하면 다시 올 테니 장만해 두라고 으박질렀어. 양식을 땅속에 파묻어 놓고는 부엌의 쌀독에는 조금씩 넣어두곤 했지. 놈들의 눈을 속여야 하는 생활은 살얼음을 밟는 것 같았어. 그들의 횡포가 심해 집집이 개를 길렀어. 개가 짖어대면 뒷문을 통해 대나무숲에 숨어들었지. 개가 보초 노릇을 톡톡히 한 셈이야.

엎친 데 덮친 격으로 억울한 누명까지 덮어썼어. 아버지와 마을 어른들이 경산경찰서에 여러 차례 불려갔지. 공비들과 내통하지나 않았는지, 양식을 제공하지 않았는지를 추궁했을 거야. 자유당 시절, 방만수 국회의원이 중간에 들어 더는 불려간 일이 없었지만.

"대동리에는 공비에게 희생당한 사람은 없는지요?"

"있지. 장영식이야. 그 사람은 똑똑했어. 집안도 넉넉한 편이었고. 그를 놈들이 불러내어 칼로 죽였어. 정확한 날짜는 기억나지 않아."

"왜 죽였을까요?"

"뻔하잖아. 놈들에게 동조하지 않았던지, 아니면 고분고분 말을 듣지 않았겠지."

"공비들이 오르내린 경로는요?"

"양시 골짜기 능선에서 왼쪽으로 빠지면 기기암이고, 바로 빠지면 천성암이지. 두 갈래 길을 이용하지 않았을까 싶어."

"천성암에는 누가 살았는지요. 놈들은 그곳도 괴롭히지 않았을까요?"

"연동 어른이 암자에서 한동안 살았어. 가끔 마을에 내려와 침을 놓기도 하고. 박사사건이 터질 때는 길 씨 성을 가진 스님이 가족과 함께 거처했지. 대처승이라고 해야 하나? 통상 길중이라고 불렀어. 공비들이 오르내리며 애를 많이 먹였을 거야. 천성암은 규모는 작지만, 천년고찰이야."

의상대사가 창건한 천성암은 한 때는 폐허에 가까웠다. 그러나 법당과 요사채를 아담하게 꾸려놓은 천성암은 해돋이의 명소로 거듭났다. 새해가 열리면 해맞이 손님으로 발 디딜 틈이 없다.

김두원. 1930년생. 대동 2리
정윤진. 1934년생. 대동 1리

해돋이의 명소, 천성암 너럭바위

여명의 하늘에는 별들이 영롱하다. 새해 첫날의 해를 영접하고자 집을 나섰다. 많은 사람은 해돋이 명소를 찾아 동해로 내닫지만, 나는 어머니의 숨결과 유년의 추억이 서려 있는 천성암을 즐겨 오른다. 달빛 마중을 받으며 시나브로 걷노라면 아늑한 암자가 정겹게 맞아준다.

팔공산 갓바위에서 발원한 산맥이 동으로 힘차게 뻗어내려 정기를 부려놓은 자리, 그곳에 터 잡은 천성암은 경산 고을이 자랑하는 해돋이의 명소이다. 와촌면 대동리에 있는 암자는 대구에서 한 시간이면 충분한 거리다. 천성암은 의상대사가 화랑 시절, 원효대사와 더불어 불법을 강론한 곳이다. 암자들은 대체로 골짜기에 깊숙이 들었지만, 천성암은 동東을 향해 활짝 열려있다. 고개를 들면 신라의 옛 도읍지가 눈이 잡힐 듯 아슴푸레 다가온다. 곧장 내달으면 동해의 토끼 꼬리에 닿으리라. 법당 앞에는 백여 명이 기도 할 수 있는 너럭바위가 위용을 자랑하고,

암자를 감싸 안은 대숲은 칼바람에 서걱댄다.

천성암의 자랑은 우뚝 선 너럭바위다. 그 위에 올라 가부좌를 틀어본다. 바위는 샘이 깊은 물처럼 여름에는 서늘하고, 겨울에는 따뜻하다. 끝 간 데 없이 내린 바위 뿌리가 시원한 수맥을 자아올렸을 모양이다. 너럭바위는 찌는 듯한 삼복의 더위를 식혀주고, 복잡한 머리까지 맑게 하니 신선대가 바로 여기가 아니던가. 천성암의 사계는 환상적인 풍광을 연출한다. 봄·여름이면 암자를 오르는 산 능선은 온통 칡으로 덮고 있다. 배고팠던 어린 시절, 달짝지근한 칡뿌리는 허기진 배를 채웠고, 넝쿨은 소의 훌륭한 양식이었다. 가을이면 향긋한 송이 향은 코끝을 간지라고, 단풍은 암자를 불태운다. 산허리를 감고 돌면 기기암·묘봉암·중암암을 잇는 등산로는 한적해서 좋다. 낙엽 수북한 흙길은 등산객의 지친 발목을 부드럽게 쓰다듬고, 단풍으로 붉게 물든 벽계수는 도란도란 정겹다. 눈을 덮은 능선은 동해의 산호를 통째로 옮겨 놓은 듯 눈꽃이 눈부시다.

떠오르는 해를 맞고자 너럭바위에 오른다. 교실만 한두 개의 바위에는 발 디딜 틈이 없다. 살을 에는 추위를 아랑곳하지 않은 채, 뭇 시선은 동녘 하늘에 못 박았다. 야트막한 산봉우리들이 구름바다를 헤집고 외로운 섬처럼 점점이 떠오르고, 북에서 남으로 길게 뻗은 능선에 띠구름은 서서히 주황으로 물이 든다. 말간 해가 구름을 헤집고 모습을 드러낼 때, 무리는 무언가를 읊조린다. 나도 어느새 두 손을 모은다. 종교를 갖고 있지만, 이렇게 절실하게 다가간 적이 얼마나 있었던가. 즐겁고 편할 때는 내 탓인 양, 거드름을 피우다가 어렵고 힘이 들면 신에게 매달리는 형국이다. 이 순간만큼 중생의 영성은 더없이 맑으리라. 찬란한 빛이 부챗살처럼 온 누리에 퍼질 즈음, 국태민안國泰民安의 염원을 담은 주지 스님의 선창에 따라 우렁찬 만세 삼창이 고요한 산사를 뒤흔든다.

천성암은 아들을 바라는 기도처로 유명하다. 너럭바위에 올라 치성을 드리고, 의상대사가 심은 천도복숭아를 먹으면 아들을 본다고 했다. 어머니도 예외는 아니었다. 위로는 줄줄이 딸만 생산하여 시부모의 따가운 눈초리를 받아내기 힘들었다. 당신은 서러움을 억누르며 기도에 들어갔다. 매월 음력 보름이면 정갈한 몸으로 땅거미 질게 깔린 으스스한 길을 올랐다. 지게꾼이 겨우 다니는 길이기에 돌부리·나무뿌리에 걸려 넘어진 일이 한두 번이 아니었고, 간간이 들려오는 늑대와 여우의 울음소리에 모골이 송연했단다. 아들을 얻고자 경건하게 치렀던 흡월정吸月精을 끝낼 때면 콩죽 같은 땀이 온몸을 흥건히 적셨다고 했다. 어떠한 종교적 의식보다 치열했으리라.

나를 잉태하신 어머니는 천도복숭아를 따 먹고 싶은 마음이 간절했을 것이다. 차마 복숭아에 손을 대지 못한 것은 다른 임산부를 위한 배려임이 틀림없다. 당신의 모습이 안쓰러워 요사채에 거주하는 보살님이 남몰래 따 주더란다. 천도복숭아의 효험인지, 아니면 간절한 기도가 부처님께 닿았는지 핏빛 산고를 겪고 소원을 이루었다. 지금은 아들딸을 구별 않는 세상이 되었지만, 각처에서 찾아오는 임부姙婦의 발길은 끊임없이 이어진다.

영험을 자랑하는 천도복숭아는 척박한 바위틈에서 외롭게 버티고 있다. 특유의 복숭아 맛은 간데없고 떫은 모과 맛을 내고 있으니 불가사의한 일이다. 비록 나무의 외양은 앙상하게 사위어도 기상만은 꼿꼿하다. 숱한 세월의 풍상에도 생명줄을 놓지 않는 것은 중생의 소원을 끝까지 살피라는 부처님의 소명을 충실히 받들고자 함일 터다.

정월 초하루면 전국의 해맞이 명소는 북새통을 이룬다. 목적지에 다다르기 전, 해가 중천에 떠올라 달리는 차에서 해맞이한 적도 있었다. 서기 2000년, 새 천 년을 맞아 해맞이 열기는 전국을 달구었다. 너 나 없이 석굴암으로, 동해의 호미곶로 내 달았다. 남에게 뒤질세라 깨금발에 학의 목이 되어 동녘을 향하지 않았던가. 그때나 지금이나 똑같은 태양이다. 달라진 것은 아무것도 없건만, 어리석은 군상群像은 하릴없이 분주하다. 해돋이 장소가 어디면 어쩌랴! 마음 중심이 중요한 것을.

천성암의 해돋이는 천혜의 명소이다. 암자는 모든 해돋이 손님에게 떡국을 보시한다. 따끈한 국물은 얼어붙은 육신을 녹여주고, "온 누리에 가득한 부처님의 자비를 알아 가자"는 주지의 법문은 메마른 속뜰을 데워준다. 두둥실 떠오른 태양은 중생의 머리 위에 골고루 뿌려대고 있었다.

2015년 전국수필대전 수상작

백년해로하실 어른

박사리에서 거랑을 건너면 바로 대동2리, 숲골이다. 주위의 여러 마을 가운데 백년해로하는 부부가 드물다. 101세, 임광질 할아버지와 92세인 최봉조 할머니를 찾았다. 할아버지는 귀가 약간 어두웠지만, 기억은 또렷하다.

임광질, 최봉조 부부

"자네가 면서기 한 후동 형님 아들이제?" 반갑게 맞아준다.

"나는 범띠야." 이에 질세라 92세 난 최봉조 할머니의 목소리는 카랑카랑하다. 방에는 먼지 한 점 날지 않았다.

"어르신 박사사건, 아시는 대로 이야기해 주이소."

"거랑만 건너면 너그 마실 아이가? 한 마실 한 가지제. 초저녁에 잠자리에 들었는데 박사 동네가 대낮같이 밝았어. 짐승 우는 소리, 불타는 소리가 요란했어. 박사리가 절딴 났겠구나 싶더라고. 우얘 보지 못하고, 무단속하고 호롱불을 껐어. 개가 짖으면 도망칠라고 단도리[77]하고 있었어. 희붐할 때 박사 사람들이 몰살당했다는 소리를 듣고 마실에 건너갔지. 마을이 온통 쑥대밭이 됐더라고. 우리 마실 청년들이 장례를 거들었어."

"어르신은 복이 많심니더. 백수를 넘겼으니, 할매가 디기 잘 해드린 모양이지예?"

"평생 고생만 시켰지. 우리 할망구 내보다 아홉 살이 적은데도 바싹 사그라저뿌렷네. 75년 동안 고생 많이 시켰제. 저승사자는 우째 나를 안 데불고[78] 가노" 할머니를 쳐다보는 눈에는 희미한 눈물이 번진다.

"이 보게, 너그 아부지·엄마는 사이가 무척 좋았지. 구십 세까지 리어카를 끌고, 너그 옴마는 뒤에서 밀어주는 모습이 보기 좋았어."

백 세 시대를 말로만 들었지 막상 101세 어르신 모시고 이야기를 나눈 것은 난생처음이다. 두 분의 이야기는 끊어질 줄 모르고 이어진다. 두 분을 나란히 하여 사진을 찍는 손길이 가늘게 떨려왔다. 두 분의 모습에서 부모님의 영상이 겹쳐진다. '나도 저 나이 되도록 이러한 모습을 간직할 수 있을까…?'

"맨입에 보내 섭섭해서 우짜노?" 방문을 나서는 나의 손

---

77) 단속의 일본말
78) 데리고

을 잡고 놓을 줄 모른다. 난마처럼 얽힌 주름에 삶의 흔적이 고스란히 배어있다.

임광질. 1916년생. 실제 나이 101세
최봉조. 1926년생. 실제 나이 92세

초대 와촌면장의 억울한 희생

박사사건 전·후에 좌·우익의 대립으로 우리 고장 와촌에도 불행한 일이 더러 일어났다. 조국이 해방되던 1945. 12. 11. 초대 면장으로 임명된 우대유 와촌면장이 괴한에게 당한 안타까운 이야기다. 그의 아들, 우원구 씨의 증언이다.

"박사사건과는 직접적인 관련은 없지만, 선생님의 선친인 우대유 면장님의 희생은 동시대에 불행한 일입니다. 아시는 대로 말씀해 주십시오."

"아버지는 부면장으로 계시다 면장으로 발령받았어. 1949년 2월 9일, 면장회의 참석하고자 일찍 집을 나섰어. 가는 길에 잠시 와촌지서에 들렀다더군. 자전거를 타고 하양 쪽으로 향했어. 교통수단은 자전거가 전부였지. 군청까지 두어 시간은 족히 걸리지 않았을까. 그날은 날씨가 엄청 추웠어. 옷도 많이 껴입고 외투까지 걸쳤어. 아버지가 면 소재지를 벗어나 사베이 덤(덕촌리 산 17번지)을 통과하는 순간 느닷없이 괴한들이 나타나 아버지를 습격했지. 아버지가 당한 시간이 아침 여덟 시쯤이야. 놈들은 선친의 동선을 미리 파악하고, 치밀한 계획을 세웠을 거야."

"박사사건을 일으킨 팔공산 공비들과 관련이 있었는지요?"

"글쎄, 나는 그렇게 생각하지 않아. 그때만 해도 좌·우로 갈라져 질시와 반목이 심했지. 골수 좌익 조직의 소행으로 생각해. 그들이 노린 사람은 공무원이 우선이잖아. 사상으로 빚어진 일이지 개인적 감정은 없었을 거야. 지난날을 생각하면 가슴이 저려. 아버지 연세 38살, 한창 나이었는데…."

"혹여 공비들의 주둔지를 신고한 도달권 씨에 대해 아는 바 있는지요?"

"도달권은 동강2리에 살았어. 본토박이가 아니야. 집이 가난하여 이집 저집 다니며 일했지. 몸집이 좋았어. 우쭐대는 성격인 걸로 알고 있어. 그 후 행방은 몰라."

도달권 씨와 후손의 주소를 추적하여 당시의 상황을 듣고자 노력했지만, 개인 정보 보호 등 갖가지 제약으로 뜻을 접었다. 훗날, 역사의 몫이다.

우원구. 1931년생. 경산

5부

추도의 글·관련 작품

회 고

박 용 묵

故 박용묵 목사

1949년 음, 10월 10일에 일어난 박사사건은 내 평생에 잊지 못할 사실이다.
하룻밤에 38명의 청장년을 잔인하게 죽이고, 근 백 호의 가옥을 태우고 갖은 만행을 한 것은 공비들의 장난이었다. 그 환난 중에서 나와 우리 가족을 구원하신 은혜를 감사하지 않을 수 없다.

나는 그 후 눈물과 땀, 그리고 전심전력을 기울여 동민을 위해 최선을 다하였다. 이로써 하나님의 교회와 부락민들은 새 삶을 얻게 되었고, 그 후 일 년이 지나 추도식은 일천 수백 명의 군중이 모인 가운데 성대히 거행되었으며, 그로 인해 주의 교회는 크게 부흥하고 발전하게 되었다.

『영파 시집』 중에서

박용묵 목사(1946.6~1950.12)는 박사교회에 시무했다. 그날 저녁은 박사리에서 4킬로 떨어진 와촌교회에 다니러 갔기에 화를 면했다. 박용묵 목사는 사망자 수습과 부상자 치료에 온 힘을 기울였다. 각계각층에 호소하여 구호물자를 청구하고, 골고루 나눠주기까지 유족을 가족처럼 보살폈다.

전 야

박 용 묵

철 아닌 겨울비가 야심한데 웬일인가
임 가신 그날이라 마음 더욱 처량하다
서른에 여덟 망령 별세하신 이 날 밤에
아내 울고 자식 울고 친한 벗들 다 울거늘
하늘이 무심한들 슬퍼하지 아니하며
구름이 뜻 없은들 눈물 아니 흘린쏜가

내리는 구슬비여 사양 말고 내리소서
유정한 임을 위해 고이고이 내리소서
천지가 통곡하고 산천초목 눈물지어
임의 피를 씻으시고 한숨 설움 씻기소서

바람이 무정한들 그냥 지나가겠으며
가을 달이 밝다 한들 빛을 낼 리 있을쏜가
남편 잃고 아비 잃어 잠 못 드는 유족들께
유정하온 가을비여 곡조 맞춰 내리소서

1950년 陰 10월 10일. 半夜(반야)
경산군 와촌면 박사동에서
『영파 시집』 중에서

한恨

윤 성 해

광복의 기쁨이 가시지도 않았는데
고요한 요람 위에 총칼 소리 진동하네
타오르는 불똥으로 삼라만상 재로 덮고
피비린내 그 냄새가 고향산천 적시었네
화목했던 가정마다 통곡소리 처량하고
우물가 개울에는 핏자국이 엉켜있네

38 넋 가신 후로 삼팔선이 생겼느냐
두 동강 난 이 허리를 뉘라서 이어주리

상현달 넘어갈 제 슬피 가신 임들이여
아침 해 떠오를 제 다시 오질 못하느뇨
구천에 영령들도 조국을 위할 진데
초개 같은 우리 목숨 민족을 위하리라
오호라 원한에 요절하신 임들이여
축복받은 이 동산에 고이고이 잠드소서!

1985년

있을 수 없는 일

배 영 수

있을 수 없는 일이다
있어서도 안 되는 사건이었다
그런데, 있을 수도 잊을 수 없는 일이
절대로 있었다

금호강물이 역류하여 팔공산맥의 식도를 빨갛게
갉아먹고 팔공산이 뒤로 넘어져 코가 깨졌다
능성재 회오리바람에 갓바위 부처의 갓이 날아올라
박새마실 감나무에 걸려 찢어졌다

횃대에 오른 저녁닭이 피를 토하며
미친 노래를 질러댄다
팔공산 날개 죽지 솔미기 양시골에 설쳐대는 붉은
이리떼에 카빈총이 새총이 된다

된서리 초상집 차일인 양, 덮은 음력 시월 초 열흘
저녁,
면面 회의 있다고 방앗간 앞마당에 모인 백치 박새들
붉은 이리떼에 총 맞고 베이고 찔렸지만 찍소리 한 번
없이…
짚으로 엮은 박새집 로마 시가지로 불탄,
아, 박새 마실이 별세하신 그날

새까맣게 탄 새가슴이 굳어진 까만 돌비석 앞에 모인
회색 새가슴들과, 검은 정장의 3인칭들, 추념식의
조총弔銃 소리

땅, 땅, 땅… 쓸개 없는 새가슴들 목이 뚝, 뚝, 뚝
꺾어진다. 향내 뿌연 추념식장 댕자나무 울타리에
박새들 호곡한다. 사람이 살지 못하고 새가슴만 사는

갓바위의 애환

팔공산맥이 동으로 힘차게 내달아 정精이 머문 정점에 '경산팔공산관봉석조여래좌상'이 좌정하고 있다 좌상은 여섯 자를 훌쩍 넘는 무거운 바위 갓을 쓰고 있다. 우람한 모습은 근엄하기 그지없다. '정성껏 기도하면 한 가지 소원을 꼭 들어준다'고 하지 않았는가. 지금은 보물 431호에 머물러 있지만, 머지않아 국보로 모심이 마땅할 터이다.

갓바위에서 사위를 조망한다. 와촌 들녘이 한눈에 들어오고, 낙타 등 같은 능선이 어깨를 걸고 파도처럼 출렁인다. 관봉冠峯에서 발원한 산줄기는 우리 고장을 향해 크게 세 갈래로 뻗쳐있다. 왼쪽으로 펵정을 감고 돌면 원효와 의상대사가 수도했던 원효암과 천성암이 고즈넉이 엎드렸다. 부처님 발아래는 유장한 해나리 골짜기가 솔매기로 내닫는다. 오른쪽 능선은 용주암을 부려놓고, 명마산에 다다른다. 대구로 관통하는 도로를 건너뛰면 불굴사를 품은 무학산이 나래를 펴고 있다. 김유신 장군은 불굴사의 '아동제일약수我東第一藥水'를 마시면서 삼국통일을 염원했다. 갓바위가 갓을 쓴 남성상이라면 불굴사의 약사여래불은 족두리를 쓴 여성의 모습이다. 양지에 자리한 갓바위와 음지에 불굴사, 그 틈에 터 잡은 마을이 '양지리'와 '음지리'다.

음양의 이치에 따른 절묘한 조화이다.

석조여래좌상 앞에 섰다. 모습은 평온해 보이지만, 하수상한 세월과 중생에게 시달려 심한 홍역을 앓았다. 지난날, 좌상을 두고 경산·대구 간, 소유권 다툼이 치열했다. 와촌면 대한리 산 44번지에 좌정한 석조여래좌상은 경산을 향해있다. 누가 봐도 다툼의 대상이 아닐 성 싶다. 올라가는 길 이름도 그러하다. 의당 '갓바위 앞길'이건만, '갓바위 뒷길'이라 칭하고 있으니 고쳐야 할 일이다. 갓바위 부처님이 소원을 들어줄 때는 '정성껏 기도하면'이라는 단서가 붙는다. 진흙탕 싸움에 정성이란 말이 퇴색했다. 이러한 다툼은 무엇을 위함일까. 염불은 뒷전이고 잿밥에 관심이 컸으리라. 왕건의 팔공산 전투는 나라가 걸린 대의의 싸움이라면, '갓바위 전투'라 불렸던 소유권 분쟁은 사사로운 탐욕의 싸움이 아니었을까. 부처님이 앉은 곳이 어느 땅이면 어쩌랴! 마음 중심이 중요한 것을.

석조여래좌상이 쓰고 있는 갓 모습은 학사모를 연상한다. 그것이 상징인지, 입시 철이면 좌상 앞 너럭바위는 전국의 학부모들로 발 디딜 틈이 없다. '한 가지 소원은 꼭 들어준다'는 부처님의 말씀 따라 내 어머니도 예외는 아니었다. 열일곱 살 꽃다운 나이에 손이 귀한 가문에 시집와서 딸만 줄줄이 생산했다. 시부모의 따가운 눈총을 받으면서 매월,

초하루와 보름이면 정갈한 몸으로 갓바위에 올랐다.

"갓바위 부처님요, 삼신할매요, 우야든지 꼬치 달린 아들 하나 점지해주소." 어머니는 낫 놓고 기역 자도 몰랐다. 부처님의 심오한 진리를 알 턱도 없다. 그저, 지문이 다 닳도록 손바닥만 비볐으리라. 당신의 간절한 기도가 부처님께 닿았는지 아들을 얻었으니 그가 바로 나다. 석조여래좌상은 의현대사가 어머니의 넋을 위로코자 건립했다. 대사가 여래좌상을 이곳에 모실 때 극진한 정성이 깃들었다면, 돌아가신 어머니를 향한 효孝의 양量은 얼마나 되었는가.

석조여래좌상은 우리 고장을 지켜주는 수호신이다. 다른 지역은 태풍·홍수·우박으로 피해를 보았지만, 가살궂은 비바람은 우리 고장을 감히 넘보지 못하였다. 갓바위 부처님은 병풍처럼 둘러친 능선을 성곽 삼아 방패막을 쳤을 터이다. 어디 그뿐인가. 좌상이 거느린 골짜기마다 토해낸 실개천은 넉넉한 내를 이루었다. 계곡을 가득 채운 수량水量은 팔공산에서 단연 으뜸이다. 웬만큼 가물어도 물줄기를 놓지 않는다. 기름 같은 물은 허투루 흘리지 아니하고 신한지·소월지로 들여보내 가뭄에 대비한다. 선명하게 다가온 저수지는 가을 하늘을 그대로 담았다. 도연명의 '춘수만사택春水滿四澤'이란 시구가 떠오른다. 못에 물이 가득하면 그 자체가 풍년이 아니던가. 박사·동강·소월리와 더불어 와촌 들녘을 흥건히 적셔주는 젖줄이기에. '자식 입에 밥 들어갈 때와 내 논에 물들어 갈 때가 가장 행복하다'는 범부의 마음처럼 갓바위 부처님도 기꺼워할 것이다.

호사다마好事多魔라 하였던가. 좌상이 내려 보는 박사리에 불행한 일이 벌어졌다. 소위 '박사사건'이다. 사건의 간단한 개요이다. 나무꾼이 양시 골짜기에 나무를 하던 중, 공비의 소굴을 발견했다.

"간나새끼, 신고하면 너희 동민을 몰살시켜버리겠다. 어디 사느냐?" 당황한 나무꾼은

"박사리에 삽니다." 그렇게 대답하고는 곧바로 지서에 신고했다. 군경은 합동작전을 펼쳐 공비 78명을 사살하고 7명을 생포했다. 박사사건은 잔당들의 보복성 공격이었다. 신고한 사람은 동강리 주민이었지만, 얼떨결에 둘러댄 대답으로 말미암아 박사리가 공비들의 표적이 된 셈이다. 1949년 11월 29일(음 10월 10일) 저녁, 공비들은 장총, 칼, 죽창을 들고 마을을 습격했다. 놈들에 의해 사망 38명, 28명이 중상을 당했다. 그 가운데 큰아버지와 구촌 아재가 사망하고, 당숙이 죽을 고비를 넘겼다. 초가 108채도 불에 탔다. 피비린내가 온 마을에 진동했고 화염은 은은하게 뿌려대던 상현의 달빛마저 송두리째 앗아갔다. 말 그대

로 아비규환阿鼻叫喚이었다. 불바다를 내려다본 갓바위 부처님은 통한의 가슴을 쳤으리라.

부상당한 생존자 두 명을 만났다. 배재기 옹이다. 그는 공비가 휘두른 칼에 왼팔을 잃었다. 거동이 불편하여 방안에서 칩거한다. 조심스레 그날의 경위를 물었다. 순간, 그의 눈가에 경련이 일어난다.

"너무 끔찍해 입에 담기조차 싫다"는 말을 뱉고는 입을 굳게 다물었다.

또 한 분인 박영생 옹을 만났다. 참혹했던 그날을 회상하며 증언하는 옹의 얼굴에 회한이 서려 있다. 목덜미는 칼에 찔려 움푹하고, 등에는 칼자국이 가로로 깊게 패 있다. 후유증은 평생을 허리를 굽게 만들었다. 옹의 상흔傷痕을 카메라에 담는 나의 손길이 가늘게 떨려온다.

"미미한 사건에도 국가가 보상한다는데…." 말끝을 흐리는 두 사람의 말씀 속에 원망이 배어있다. 아무런 보상 없이 평생을 살아온 두 분에게 내가 왠지 죄스럽다. 생존자의 증언은 과거의 역사가 현재 진행형임을 생생하게 말해준다. 더더욱 안타까운 일은 공비들 무리 속에 현지 주민의 일부가 동조했다는 불편한 진실이다.

"동참하지 않으면 죽여 버리겠다."는 놈들의 협박에 목숨을 부지하기 위해서는 불가항력이었을 터이다. 그러나 유족들의 가슴에는 한이 되어 있으리라.

이러한 참상을 갓바위 부처님은 왜 막지 못했을까. 갓바위에 올라 석조여래좌상이 향한 시선을 따라갔다. 부처님의 눈은 공비들이 주둔한 양시골을 외면한 채 30도 우측으로 틀어 있다. 자비로운 눈길이 그들의 소굴에 미쳤다면 그날의 참상을 막을 수 있었을 터인데…. 아쉬움이 남는 것은 부질없는 생각일까. '65년의 세월이 흘러도 흔적은 남아 있겠지.' 공비의 소굴이었던 양시골을 찾았다. 골짜기는 생각처럼 깊지 않았다. 골이 깊은 지리산 피아골은 수만 명의 빨지산을 품을 수 있었지만, 좁은 골짜기에 아지트로 삼은 것은 불가사의不可思議한 일이다. 막상 골짜기는 음침했다. 죽창을 든 그들이 당장에라도 튀어나올 것만 같다. 소름이 오소소 돋아난다. 몇 시간을 살폈지만, 자취는 묘연하다. 지리산에 '빨치산 토벌 전시관'을 세우듯 이곳에도 애국 혼을 일깨우는 현장으로 삼았으면.

갓바위는 많은 추억이 배어있다. 초등학교를 갓 나온 나의 어깨에는 책가방 대신 지게 멜빵이 얹혔다. 처음 나무를 한 곳이 좌상의 바로 아래 골짜기인 돼지바우다. 어린 소년은 찍어야 할 나무는 찍지 않고 정강이를 찍었다. 흉터는 여태 훈장처럼 박혀있다. 공무원을 하던 총각 시절이었다. 맡은 부서가 복지 업무였다. 갓바위 올라가는 길목에는 약사암 불사佛事가 한창이었다. 암자의 장張보산은 이웃집 아줌마처럼 따뜻했다. 그에겐 얼굴이 뽀얀 예쁜 딸이 있었다. 서로 바라보는 눈빛이 예사롭지 않았지만, 인연이 닿지 않았던 모양이다. 갓바위 부처님께 소원을 빌었더라면…. 보살은 작고하고 그녀는 어디에 사는지, 나처럼 귀밑머리 허옇게 되었겠지. 그리움이 아련히 돋아난다. 약사암을 뒤로하고 갓바위에 오르면 선본사 재희在喜스님이 늘 반갑게 맞아준다. 따뜻한 차와 흰 봉투를 내민다.

"헐벗은 이웃에게 쪼개어 써 달라"는 온실 같은 마음은 사십 개 성상을 훌쩍 넘었지만 잊을 수 없다. 갓바위 선본사가 베푸는 사랑의 손길은 시공을 초월하여 면면히 이어지고 있다.

반세기 전만 해도 갓바위 길은 사람이 겨우 다닐 오솔길이었다. 골짜기의 막다른 마을이 펵정이다. 한 세기 전에는 열 가구가 옹기종기 정답게 살았다. 밤이면 늑대가 울어대고, 산돼지가 무시로 출몰하여 자식들 단속하기 바빴다. 농지라고는 산기슭에 다닥다닥 붙은 다랑논이 전부였다. '소의 질매를 부리면 논 한 뙈기가 사라진다'고 할 만큼 손바닥만 한 논이었다. 논과 밭은 맥없이 하늘만 쳐다봤다. 심한 가뭄에 논바닥이 거북등처럼 갈라지면 벼는 하얗게 타버린다. 나락이 하얗게 타버릴 때 농부의 가슴은 까맣게 탔으리라. 먼지가 풀풀 나는 그 자리에 메밀을 심어 보지만, 흐드러진 메밀꽃을 피워내지 못하였다. 멀건 산나물 죽에는 곡식 한 톨 구경하기 힘들었다. 주린 배를 채우고자 모두가 고향을 등지고 한 집만 외롭게 남아 있다.

그러한 골짜기가 상전벽해 되었다. 돌부리 지게 길은 이 차선으로 말끔하게 뚫렸고, 대형 주차장은 찾아온 손님에게 넉넉하다. 갓바위를 찾는 참배객은 연중 천 이백만을 넘었다. 입시 철과 초하루 보름에는 북새통을 이룬다. 갓바위 부처님만큼 극진한 대접을 받는 존재가 세상에 얼마나 되겠는가. 그것은 유구한 세월 동안 온갖 풍상을 버텨낸 인고의 결정結晶이리라.

갓바위를 둘러싼 등산로는 손등의 정맥처럼 촘촘하다. 경산 땅만 밟는 등산로를 살펴본다. 신한리-명마산-갓바위/ 천성암-노적봉-갓바위/ 해나리-약사암-갓바위/ 갓바위 주차장-소태이-갓바위/ 이러한 길이 소위 '와촌의 속살 등산로'다. 그곳을 더듬는 등산코스는 가히 환상적이다. 봄이면 진달래가 온 산을 벌겋게 물들이고, 여름날 벽계수에 발 담그면 오장육부까지 서늘하다. 가을이면 송이향이 코끝을 간질이고, 만산홍엽은 팔공산을 불태우며 푹신한 낙엽은 나그네의 발목을 부드럽게 애무한다. 관봉은 팔공산 등신객의 약방에 감초이다. 갓바위를 거치는 시간대를 점심시간에 맞춘다. 그곳에는 언제나 허기진 배를 채울 수 있으니까. 하루 평균 이천 명이 갓바위 선본사에서 공양供養한다. 삼성각三聖閣을 마주한 공양소에 들어섰다.

벽면 한 곳에 눈길이 머문다. 한 톨의 곡식도 소중하게 다루라는 부처님의 말씀 앞에 마음을 다잡는다.

공양하는 마음
한 방울의 물에도 천지의 은혜가 스며 있고
한 알의 곡식에도 만인의 노고가 담겨 있습니다
정성이 깃든 이 음식으로 몸과 마음을 바로 하고
청정하게 살겠습니다
'남무석가모니불'

수구초심首丘初心이라 했다. 고향을 떠난 지 삼십 년에 칠 대조가 세거한 본향에 돌아왔다. 오늘도 갓바위에 오른다. 가쁜 숨이 목에 차오른다. 세월을 비껴가지 못하는 모양이다. 평일이건만 부처님 앞 너럭바위는 기도하는 중생이 가득하다. 석조여래좌상은 수많은 사람에 부대껴도 싫은 내색 안 보이고 언제나 의연하다. 숭불정책을 폈던 신라·고려조는 '미륵불'로 대접했지만, 억불抑佛의 조선 시대는 부처님 대접이 소홀했으리라. 한 때는 '약사여래불'로 부르다가 지금은 '경산팔공산관봉석조여래좌상'으로 명명했다. 좌상의 뜻과는 관계없이 여러 차례 호칭이 바뀌었고, 소유권 소용돌이에까지 휘말렸으니 부처님의 여정도 순탄치는 않았을 모양이다.

갓바위 축제에 선본자 주지, 성본性本스님을 비롯하여 이웃 사찰의 큰 스님이 차례로 법문한다. 종파를 초월하여 부처님의 자비가 온 누리와 만백성에게 가득하리라. 이제 갓바위는 기도의 도량 처로 한국에 우뚝 섰다. '경산팔공산관봉석조여래좌상'은 중생과 더불어 영겁토록 애환을 함께하리라. 하산 길이다. 스님의 은은한 독경과 청아한 목탁 소리가 귓전을 파고든다. 그 소리는 얼룩진 나의 영혼을 어루만지고 있었다.

2014년 제1회 갓바위축제스토리텔링 전국공모 최우수작

모교의 앞날을 걱정하며

모교를 둘러싸고 있는 봄은 복숭아·자두 살구꽃 향이 교정에 흥건하고, 벌 나비의 춤사위가 현란하다. 여름·가을·겨울 제각기 자태를 뽐낸다.

모교가 이렇게까지 내리막길을 치달을 줄 몰랐다. 이천여 명이 거주하는 골짜기에 신입생 두 명을 겨우 채웠으니. 하늘의 별을 따는 것이 이보다 어려울까. 한때는 전교생이 칠백 명 넘었는데.

모교의 내력이다.

1935. 4. 1 와촌공립보통학교부설신한간이학교 설립

1944. 5. 1 와촌서부국민학교로 승격

1950. 목조 건물 2개 동을 신축하고 박사리로 이전

1950. 5.10 제1회 졸업

1956. 3. 1 대동국민학교로 교명 변경

1996. 3. 1 대동초등학교로 교명 변경

2016. 10. 현재, 졸업생 3,722명. 재학생 35명

제1회 졸업사진. 1950년

개교 당시는 교실이 부족하여 가마니때기가 교실 바닥이었고, 오전 오후반으로 나뉘어 등교했다. 비가 오는 날은 '박사리 동사洞舍'를 이용했다. 그 시절, 우리의 모습이

다. 몽당연필을 대나무 대롱에 끼워 쓰며 절약 정신을 키웠다. 질이 나쁜 지우개는 공책을 갉아먹기 일쑤였다. 숭숭 뚫린 마룻바닥은 학용품을 널름널름 삼켜먹고, 녹슨 함석지붕은 날금날금 떨어져 나갔다. 세찬 바람이 불 때마다 우그러졌다 펴지면서 날카롭게 울어댔다. 한겨울, 솔방울 난로는 매서운 추위를 밀어내지 못해 차례를 정해가며 난롯가에 앉았다.

나는 부모님을 졸라 여섯 살에 입학했다. 코를 닦은 소매는 반들반들 윤이 났고, 갈라진 손등에는 안티푸라민이 번들거렸다. 머리에는 소똥이 켜켜이 쌓였고, 무명베 속옷의 꿔 맨 자국에는 이와 서캐가 득실거렸다. 머리에는 허연 디디티 가루가 흰 눈처럼 날아다녔다. 안방 천정에는 파리똥받이가 연 꼬리처럼 나부꼈고, 쥐새끼는 수챗구멍에서 먹을 것 찾기에 분주했다. 쥐 꽁지를 자르고 파리 잡는 일이 방과 후 숙제였다. 회충약을 나눠주고 대변 속에 굼뜰 거리는 그놈의 숫자를 세는 것이 죽을 맛이었다.

박사사건과 6·25를 거치면서 도시락을 가져오는 학생은 반수에도 못 미쳤다. 그나마 쌀 톨은 보기가 어려웠고 보리쌀·조·무밥 등이 주류였다. 우윳가루를 배급받는 날이면 날가루를 마구 먹어 배앓이로 이어졌다. 재래식 변소 앞에는 설사 환자가 기차곱배 처럼 길었다.

땔감을 장만코자 긁고 베어낸 팔공산은 벌거숭이였다. 치산치수가 제대로 되지 않아 소나기가 퍼부으면 토사가 그대로 흘러내려 애써 지은 농사는 삽시간에 망가졌다. 호우로 거랑 물이 불어나면 학교는 자동 휴업이다. 공부하기 싫어한 농땡이들은 희희낙락이다.

가을 운동회. 1975년

체육 시간이면 늘 겁이 났다. 달리기는 늘 꼴찌였고, 철봉 앞에 서면 달달 떨었다. 철봉 앞에서 초조와 긴장으로 오줌을 싸 버렸다. 친구들이 눈치챌까 봐 어찌할 줄 몰랐다. 기저귀 역할을 톡톡히 해준 솜바지는 부끄러움을 감춰 주었다. 못 본 척한 짝꿍이 고마웠다. 지금 그녀도 곱게 늙어가고 있다. 동기회에 만나 옛이야기 나눌 때면 허물이 없다. 편안하게 마음을 열 수 있으니 고향의 친구가 단연 으뜸이다.

그때의 놀이문화이다. 볏짚을 새끼로 둘둘 말아 축구공을 만들었고, 지게막대기는 바로 야구 방방이었다. 말랑말랑한 고무공은 오래 버티지 못해 연방 속살을 내보인다. 기미전·돌치기·딱지치기·제기차기 등은 남학생의 차지였고, 고무줄넘기·모래주머니 차기·땅따먹기는 여학생의 놀이었다. 단연 인기가 있었던 종목은 고무줄놀이다. 난이도에 따라 정강이에서 허리춤으로, 어깨 위로 올라가면 여학생의 치맛자락도 자동으로 올라간다. 엉큼한 남학생이 슬글슬금 몰려들고, 여자 친구들의 아랫도리를 힐끔힐끔 살피는 또래들은 꼴깍꼴깍 침을 삼킨다. 어디 그뿐이랴! 여자 친구가 변소에 들어가면 또래들은 사선에 선 소총수처럼 변소 뒤쪽에 한 줄로 늘어선다. 약속이나 한 듯, 그 시기를 꺼내어 소방관이 물을 뿌리듯 봉창을 향해 난사亂射하지 않았던가?

포근한 어머니 품속 같은 모교, 말만 들어도 가슴이 따뜻하다. 모교가 있음에 행복하다. 해가 갈수록 어린이 숫자가 줄어드는 것이 농촌의 현실이다. 분교·폐교로 치닫는다. 모교도 예외는 아니다. 농촌을 지키는 젊은이가 줄

어들고, 그나마 교육 환경이 좋은 곳에 학적을 옮겨간다. 맹모삼천지교를 실천하려는 학부모의 열정을 어떻게 막을 수 있겠는가.

동창회를 중건하고, 모교를 살리고자 장학회를 만들었다. 모교에 전·입학하는 어린이에게 장학금을 지급한다. 고사리 같은 손에 하얀 봉투가 건네진다. 기쁘게 바라봄이 마땅할 터지만, 미끼를 던지는 것 같아 찜찜한 마음이다.

어릴 적 꿈의 요람이었던 모교의 앞날을 생각하니 안타깝기 그지없다. 무지갯빛 꿈을 아지랑이처럼 피워낸 교정에 잡초가 우거지고, 정성스런 손길이 머문 자리에 이끼가 맺힌다면 얼마나 황량할까. 모교를 잃으면서 눈물 뿌리는 일은 없어야 할 터인데.

수필집 『고쳐 지은 제비집』 중에서

마무리하면서

생존자 두 사람의 피 토하는 목소리를 들었다. 사망자 38명의 유족과 부상자 가족의 절규를 들었다. 남편과 아버지를 잃고, 어려운 삶을 헤쳐온 이야기를 모두 쓰려면 몇 권의 책으로도 부족하다. 그들이 겪었던 질곡의 여정을 오롯이 담아내지 못해 죄스런 마음 금할 수 없다.

나는 기회가 닿을 때마다 역사의 현장을 찾는다. 공비들이 주둔한 '양시골짜기'는 지난날의 흔적은 거의 찾아볼 수 없다. 언제 아픈 역사가 있었냐는 듯, 산천은 의구하다. 그렇지만 양시골은 숱한 공비들을 품었으리라. 지리산 뱀사골이 수많은 빨치산을 품은 것처럼.

지리산 중산리에 '빨치산토벌기념관'이 있듯, 팔공산 양시골에도 이에 버금가는 상징물을 세우면 좋겠다. 갓바위가 내려다보는 '양시골'과 '박사리반공희생자추모공원' 주위를 역사의 현장으로 삼아 우리 고장을 찾는 사람들에게 사건의 교훈을 일깨웠으면 좋겠다.

반공희생자위령비 주위를 둘러보며 그날을 회억回憶한다. 위령비에 새겨진 38명의 이름을 쓰다듬는다. 이슬처럼 스러져간 한분 한분의 이름을 뇌어본다. 가슴이 아린다. 영령들은 비록 억울하게 유명을 달리했지만, 마을과 나라의 안녕을 걱정하시리라.

끊어진 조국의 허리가 하루빨리 이어지길 염원하며!

■ 추천의 글 ■

『박사리의 핏빛 목소리』의 슬픔과 메아리

김 약 수*

「경산 와촌 박사리 공비양민학살사건」은 한국전쟁 1년 전인 1949년 11월 29일 밤, 팔공산에 은신하고 있는 공비 78명이 사살되고 7명이 생포된 데 대한 보복으로, 공비들이 박사리를 습격해 저지른 만행으로서 주민 38명이 죽고 28명이 중상을 입고 가옥 108채가 전소되고 재물을 약탈당한 사건이다. 경산의 대표적 애국적인 사건이고 평시에 유일하게 일어난 적군에 의해 희생된 가장 큰 사건이다. 합동위령제만 봉행할 뿐 여태 한 푼의 보상이 없었다는 사실을 알았을 때 큰 충격을 받았다.

나는 애국반공으로 빚어진 엄청난 대사건을 짤막하게

* 한국문협경산지부 회장·한국예총경산지회 회장·한국기와학회 회장·(재)동국문화재연구원 원장·경북문협 부회장 역임, 현재 (사)2·28민주운동기념사업회 계간지 『횃불』 편집위원장·경산문화시김이회장·경산시축제추진위원회 위원장·문화재청 문화재전문위원·대구미래대학교 교수

게재한『경산군지』·『경산시지』·『경산문화대백과사전』의 내용으로서는 태부족이라고 생각했다. 사건의 발단과 내용, 희생자 유족 및 부상자의 자녀들을 만나 이 사건으로 인해 절망의 나락으로 떨어진 가정환경으로 겪은 삶의 고충과 고뇌를 한 권의 책에 담아 이분들의 희생과 부상이 애국애민을 위한 값지고 빛난 것임을 알리고 싶은 충동과 책무마저 들기도 했다. 또한, 대한민국 정부가 이분들의 유족과 가족에게 지금이라도 충분한 보상을 해야 할 의무가 있다고 강조하고 싶었다.

1985년 11월 29일에 세운 반공희생자위령비문[1)]을 지은 선고先考(김윤식金潤植, 1986년 작고)의 인연 덕분으로 윤성해 유족회장님으로부터 연락을 받고 2015년 11월 1일 오전 11시 추모공원에서 봉행한 반공자유수호희생자 합동위령제에[2)] 처음 참석하게 되었다. 이날 이 책의 저자이자 한국문인협회 경산지부 박기옥 회장으로부터 「박사리 반

1) 당시 비문에 Y의원 선거공약으로 세우게 됐다는 구절을 삽입시키는 소위 비문 가필사건으로 비문을 쓴 K시인이 내 이름을 빼달라는 요구에 건립위원장 유족회장 등 비석건립 관계자 모두가 비문에 빠져 있다. 지금이라도 그분들의 이름을 새겨 넣어야 바람직한 반공희생자위령비의 면모를 갖추게 된다고 판단한다.

2) 매년 10월 30일 전후 한국자유총연맹 경산시지부에서 「와촌 박사리 반공 희생유족회」와 함께 반공자유수호희생자 합동위령제를 봉행하고 있다. 위령제 봉행을 10월 30일로 지정한 것은 1968년 10월 30일 경북 울진군 북면 고포리 무장공비 침투 사건으로 희생된 영령들의 넋을 위로하고, 그날을 상기시켜 국가안보의식을 고취하고 영원한 자유민주주의 수호에 산 교육이 될 수 있도록 한 것이라고 한다. 경산에서는 사정에 따라 며칠 변경하여 지낸다고 함.

공희생자추모공원」이 조성된 경위를 들을 수 있었고, 저자의 백부님(박한태朴漢泰, 당시 38세)이 희생자 38인 중의 한 분이었다는 놀라운 사실을 듣고는 박 회장에게 내가 계획한 박사리 공비 양민학살사건의 구체적인 전모와 희생자 유족과 부상자 자녀들이 겪은 비통감과 고초의 실상을 담은 종합보고서 성격의 책자 발간을 권했다. 그러잖아도 오래전부터 그런 생각을 하고 있었음을 확인하고 격려와 고마움을 전했다.

마침 2015년 노벨문학상 수상자 스베틀라나 알렉시예비치가 체르노빌 원선사고를 경험한 수천 명의 남여와 어린이들을 인터뷰해 그들의 목소리를 고스란히 옮겨 원전으로 인한 인류의 비극을 담아 펴낸 『체르노빌의 목소리』[3)]책을 예로 들었다.

저자는 벌써 고향 마을의 참담한 사건을 소상히 밝혀 한 권의 책으로 펴내고자 차근차근 준비하고 있었음을 알 수 있었다. 2014년 제1회 갓바위축제스토리텔링 전국공모에 박사리 사건의 내용을 담은 「갓바위의 애환」(최우수상)을 발표했고, 제2회 매일시니어문학상 논픽션 부문에 「박

---

3) 1986년 일어난 우크라이나의 체르노빌 원선사건 이후 현장의 목소리를 담은 논픽션이다. 스베틀라나 알렉시예비치는 원전에서 근무한 과학자를 비롯해 의료인, 군인, 주민들을 만나 그들의 애절한 절규를 생생하게 기록했다. 원전 화재에 투입된 소방관의 부인이 남편의 최후를 증언하며 아이를 사산한 체험을 들려주는 것을 비롯해 체르노빌 사람들이 겪은 숱한 비극의 단면들이 섬세한 언어로 묘사됐다.

사리의 핏빛 목소리」(최우수상)를 발표한 것이 이를 말해 주고 있다.

저자는 『박사리의 핏빛 목소리』 발간을 준비하면서 나와 주고받은 이멜을 통해 "늦게 집필하게 되어 만시지탄을 금할 수 없습니다. 비록 완벽하지는 못하겠지만, 소명의식을 가지고 작업에 몰두하고자 합니다. 그것이 비명에 간 영령들의 영혼과 유족들을 위로하는 길이며, 내가 태어나고 자란 고향에 대한 은혜 갚음이라고 생각합니다." 라고 했다.

그리고 매일신문사 주최 제2회 매일시니어문학상 논픽션 부문 최우수상 수상 소감에서 저자 박기옥 회장은 "실체적 진실을 객관적 잣대로 서술하고자 노력했지만, 문득문득 목울대를 치미는 감정을 다스리는 데 애를 먹었다. 영령들이 겪었던 찰나의 심정을 어찌 글로써 엮어 낼 수 있겠는가? 그러나 질곡의 삶을 살아온 유족의 목소리는 세상에 알리고 싶었다. 내가 쓴 글이 지난 역사를 반추하고 내일을 밝히는 자그마한 등불이 되었으면 좋겠다." 라고 한 대목에서 유족들과 부상자, 그 가족들과의 대화를 통해 눈물을 삼키면서 한 자 한 자 기록했음을 알 수 있다. 희생자 유족들과 부상자 및 그 가족들에게 늦게나마 명예를 회복하고 역사적 의미를 부여함으로써 위로하고 싶은 마음이 역력함을 알 수 있다.

『박사리의 핏빛 목소리』 출판의 의미

『박사리의 핏빛 목소리』는 1949년 11월 29일 밤에 일어난 「경산 와촌 박사리 공비양민학살사건」에서 비롯된 희생자의 한恨과 부상자의 비애悲哀, 유족의 슬픔과 피와 땀이 배어 있는 실상實相을 생생하게 담은 비화悲話이며, 논픽션 다큐멘터리 리포트(Documentary Report)이다. 이 책은 많지 않은 분량이지만 한꺼번에 읽어내기가 어렵다. 아비규환 혼비백산, 화재의 아수라장이 된 당시의 광경을 생각하면 가슴이 찢어지고 단장의 아픔으로 읽을 수가 없다. 힘들 정도의 슬픔의 아련함이 눈물짓게 하고 가슴을 후비는 아픔과 유가족의 참담했던 생활상과 기구하게 바꿔버린 운명의 작란作亂이 일생을 망쳐버리게 했던 참상을 어찌 쉽게 읽어 내릴 수 있겠는가!

그리고 같이 얼굴을 맞대고 동고동락했던 마을 사람들이 당하고 겪었던 애국의 숭고한 희생자 및 부상자, 유족의 억울함과 비통悲痛함을 사명감으로 몸소 답사하고 직접 찾아다니며 작성한 인류학적人類學的 보고서이자, 경산의 현대 이데올로기 사건의 백서이다. 한 마을이 겪은 사건을 직접조사에 의해 집필한 인류학적 보고서는 『박사리의 핏빛 목소리』가 처음이라고 본다.

또한, 한국전쟁에서도 평화롭고 살기 좋은 경산에서 유일하게 일어난 동족상잔의 비극을 총체적으로 정리한 단편 역사서이다. 단일 역사적 사건을 사건의 발발과 전개과정, 피해 당사자들의 일생을 직접 조사 면담하여 정리한 보고서는 우리나라에서는 아직까지 유일하다. 갓난아기 때부터 몸소 겪지 않고는 이러한 책을 쓸 수가 없다고 생각한다.

「경산 와촌 박사리 공비양민학살사건」은 경산의 대표적 애국적 사건이고 평화로운 날에 유일하게 일어나 적군에 의해 희생된 제일 큰 사건임에도 합동위령제만 봉행할 뿐 여태까지 희생자의 유족, 부상자와 그 가족에 대한 보상이 전무했던 사실을 아는 사람들은 분노하지 않을 수 없을 것이다. 박사리 반공희생사건을 재조명하고 재평가하여 유족에게 충분히 보상하는 것이 67년간 방기放棄한 희생자의 명예회복이 될 수 있다는 강한 메시지를 담고 있는 데서 이 책이 지닌 의미를 찾고자 한다.

잊혀져온 「경산 와촌 박사리 공비양민학살사건」에 대한 역사적 의의를 살펴보고, 국가차원의 보상 및 추모기념사업에 대해서 제언提言하면 다음과 같다.

박사리 공비양민학살 사건의 역사적 의의

첫째, 반공애국정신이 타 지역에 비해 남달랐음을 알 수 있다. 당시 팔공산뿐만 아니라 운문산에도 적잖은 공비들이 숨어 지내면서 활동하고 있었으며, 시골 마을치고 밤에 무장공비 소위 '빨갱이'로부터 정신적 물질적 신체적 피해를 입지 않은 곳이 없을 정도였다. 팔공산이 접하는 대구·칠곡·군위·영천·경산 등 5개 시군 중 공비출현신고가 경산에서만 일어난 것이 아니었을 텐데, 왜 하필 경산 와촌면 박사리 주민이 집단으로 학살당하고 부상당했을까? 그것은 남달랐던 애국반공정신에서 기인한 것이라고 생각할 수밖에 없다.

둘째, 애국반공정신에서 비롯된 신고에 대한 국민보호대책이 소홀하면 엄청난 비참비통하고 억울한 희생이 뒤따른다는 것을 여실히 보여준 현대 역사적 사건이다. 당시 아무리 국민에 대한 보호대책이 미흡한 실정이었다 하더라도 78명 사살당하고 7명이 생포된 공비들의 예상된 보복조치에 주민들을 보호했어야 했다. 공비출현신고가 없었더라면 분명 더 큰 무장공비의 양민학살 만행사건이 야기되었을 것임은 명약관화한 일이다.

셋째, 나라 위한 국민의 희생에 대한 최소한의 국가의 정신적 물질적 보상을 하지 않을 경우, 값지고 억울한 희생자를 폄하시킴과 동시에 유족들에게 비참한 생활고와 정신적 고통을 안겨주는 결과를 초래한다는 것을 여실히 보여주는 실증의 좋은 예가 된 사건이다.

국가차원의 보상

희생자 유족과 부상자에게 사건 후 67년 동안 여태 아무런 보상이 없었다는 사실은 어처구니가 없는 일이 아닐 수 없다. 엄연히 대한민국의 자유 수호를 위한 당시의 반공정신에서 비롯된 평시에 일어나서 겪은 대사건임에도 대한민국이 이분들에게 전혀 정신적 물질적 보상을 하지 않은 것은 과연 대한민국의 존재에 의문을 가질 수밖에 없다. 북한이 남침준비를 서두르고 있을 1949년 11월 중요한 시기에 팔공산에 칩거하고 있는 무장공비들을 일망타진하게 했던 주민들에게 처참한 비극을 당하지 않도록 군사적 조치를 하지 않은 게 첫 번째 국가적 과실이고, 67년이 지나도록 희생자와 부상자에게 한 푼의 보상이 없었다는 것이 두 번째 정부의 잘못이다. 이는 도저히 용납할 수 없는 국가적 직무유기라고 할 수 있다.

이번에 발간된 『박사리의 핏빛 목소리』를 근거로 국가인권위원회에 인적 물적 보상을 제기하여 현재까지 방치한 희생자와 유가족, 부상자와 그 가족에게 때는 늦었지만, 명예를 회복시키고 보상을 당당히 받게 해야 한다. 38위의 영령과 28인의 부상자, 유족들과 가족들에게 명예회복과 보상이 늦어진 점에 대해 용서를 구하는 일이 이분들에게 대한민국이 해야 할 최소한의 도리라고 하겠다. 지역의 지도자(국회의원, 시장, 도· 시의원, 유관 단체장, 학자, 유지)

님들의 적극적인 지원으로 억울한 희생자의 넋을 기리고 유족들에게 정신적 물질적 보상이 실행되어야 한다.

반공희생자 추모기념사업 전개

박사리 반공희생자의 죽음이 헛되지 않고 유가족의 울분과 부상자 가족의 억울함을 삭여주면서 긍지를 가질 수 있게끔 지속적인 추모기념사업이 이루어지는 것이 마땅하다. 「와촌 박사리 반공희생유족회」가 건의하고 있는 팔공산 무장공비 출현장소를 중심으로 추모기념탑과 기념비를 세워 박사리의 반공희생자위령비까지 이어지는 구간에 올레길을 만들어 반공희생정신을 이어받게 하는 것이 바람직한 추모기념사업이라고 생각한다. 그리고 이 책을 각본脚本하여 한 편의 영화가 제작되었으면 하는 희망을 가져본다.

국가보상이 이뤄지고 추모기념공원이 원만히 조성되어 이곳을 찾는 사람들에게 기억될 수 있는 교육과 이벤트를 정기적 지속적으로 시행할 수 있는 제도적 장치가 마련될 때, 비로소 38위의 영령과 28인의 부상자에게 명예회복, 그리고 유족들과 가족들에게 67년 동안 방치했던 잘못에 대한 용서를 구하고 조금이나마 위안이 되리라고 생각한다.

『박사리의 핏빛 목소리』는 희생자의 한恨과 부상자의 비애悲哀, 유족의 슬픔과 피와 땀이 배어 있는 실상實相

을 생생하게 담은 비화悲話의 논픽션 다큐멘터리 리포트(Documentary Report)이며, 인류학적 보고서이자, 경산의 현대 이데올로기 사건의 백서이면서 단편 역사서로서의 가치를 지니고 있다고 평가한다. 또한, 「경산 와촌 박사리 공비양민학살사건」이 『박사리의 핏빛 목소리』를 통해 재조명됨으로써 새 생명을 받아 거듭 태어나게 되었다. 박사리 반공수호희생자 38분의 슬픔과 아픔이 호국영령의 메아리가 되어 온 누리에 울려 퍼지고 있다.

부록

- 사망자 명단
- 부상자 명단
- 학산의 현장
- 공비들의 주둔지. 양시골
- 반공혼비
- 반공희생자위령비
- 관공서 자료 요청 및 답변 내용
- 각종 언론사 자료

사망자 명단 *1949년 사건당시 나이임

구분 / 이름	사망자		유가족				비고
	주소	나이	성명	주소	나이	관계	
김사원	음양리	40세	김임석	음양	15세	아들	
김석수	박사리	32세	김춘자	의성	7세	딸	
김영달	박사리	36세	김진호	박사	4세	아들	
김윤수	박사리	27세	김태수	박사	16세	동생	
김재수	박사리	33세	김승우	대구	2세	아들	사망
김천식	박사리	32세	김경암	하양	3세	아들	
김태복	박사리	23세	김경식	박사	10세	조카	
김회언	박사리	32세	김용자	서울	3세	딸	
박양근	대동리	20세	박순년	대구	11세	동생	당시총각
박일도	박사리	33세	박기정	박사	7세	아들	
박한태	박사리	38세	박기보	박사	6세	아들	
방상길	박사리	20세	방용순	영천	14세	동생	당시총각
방청백	박사리	32세	방순태	대구	2세	딸	
방태술	박사리	36세	방성만	서울	1세	아들	
배명규	박사리	34세	배정화	서울	6세	아들	사망
배복식	박사리	27세	배영호	경기	16세	조카	
배암구	박사리	32세	배영수	대구	4세	아들	
배종희	박사리	32세	배일수	영천	11세	아들	
배치규	박사리	31세	배유순	대구	태아	딸	출생 전
배해술	박사리	35세	배홍기	영천	6세	아들	
신영문	박사리	33세	신봉환	박사		조카	출생 전
신상주	박사리	23세	신봉환	박사		조카	출생 전
윤금출	대동리	44세	윤대해	대동	6세	아들	
윤봉근	박사리	32세	윤성해	박사	8세	아들	
윤재만	박사리	25세	윤성열	영천	1세	아들	
이경조	박사리	29세	이대중	구미		조카	출생 전
이동식	박사리	20세	불명				당시총각
이말천	박사리	41세	이영곤	대구	8세	아들	
이춘택	박사리	33세	이용식	대구	10세	조카	사망
이해봉	박사리	30세	이대중	구미		조카	출생 전

구분 / 이름	사망자		유가족				비고
	주소	나이	성명	주소	나이	관계	
정만석	박사리	41세	정두환	대구	8세	아들	
최명환	박사리	33세	최재현	박사	4세	아들	
최영암	박사리	35세	최태달	인천	1세	아들	최만석
최우택	박사리	21세	최금택	박사	18세	동생	당시총각
최태문	박사리	29세	최인태	박사	1세	조카	
하장술	박사리	62세	하성호	대구	8세	손자	
황목용	박사리	43세	황재환	박사	14세	조카	
황원도	박사리	45세	황홍국	대구	11세	조카	
총 38명							

부상자 명단 *1949년 사건당시 나이임

구분 / 이름	주소	나이	부상부위	가족	관계	주소	비고 (2016 현재)
강천수	박사리	23세	허벅지	강해중	아들	박사리	사망
김만수	박사리	38세	전신 난자	김경식	아들	박사리	사망
김병국	박사리	34세	전신 난자	김태복	아들	대구	사망
김태은	박사리	38세	전신 난자	김상연	아들	대구	사망
박상용	박사리	33세	전신 난자	없음			사망
박영생	박사리	20세	전신 난자	박명철	아들	경산	2016.6.10 사망
박한도	박사리	31세	전신 난자	박손갑	아들	대구	사망
방봉기	박사리	30세	머리 턱뼈	방외태	아들	경산	사망
방차암	박사리	38세	손목 절단	방순희	손녀	대구	사망
배재기	박사리	15세	손목 절단	배용진	아들	하양	생존
손잠암	박사리	38세	전신 난자	손병락	손자	박사리	사망
윤재근	박사리	34세	총상 턱뼈	윤길수	아들	영천	사망
최문환	박사리	24세	목 부상	최재우	아들	대구	사망
최중환	박사리	29세	몽둥이피멍	최재원	아들	대구	사망
최천암	박사리	31세	목 부상	최인태	아들	경산	사망
한명석	박사리	28세	목 부상	한상룡	아들	울산	사망
총 16명							

학살의 현장

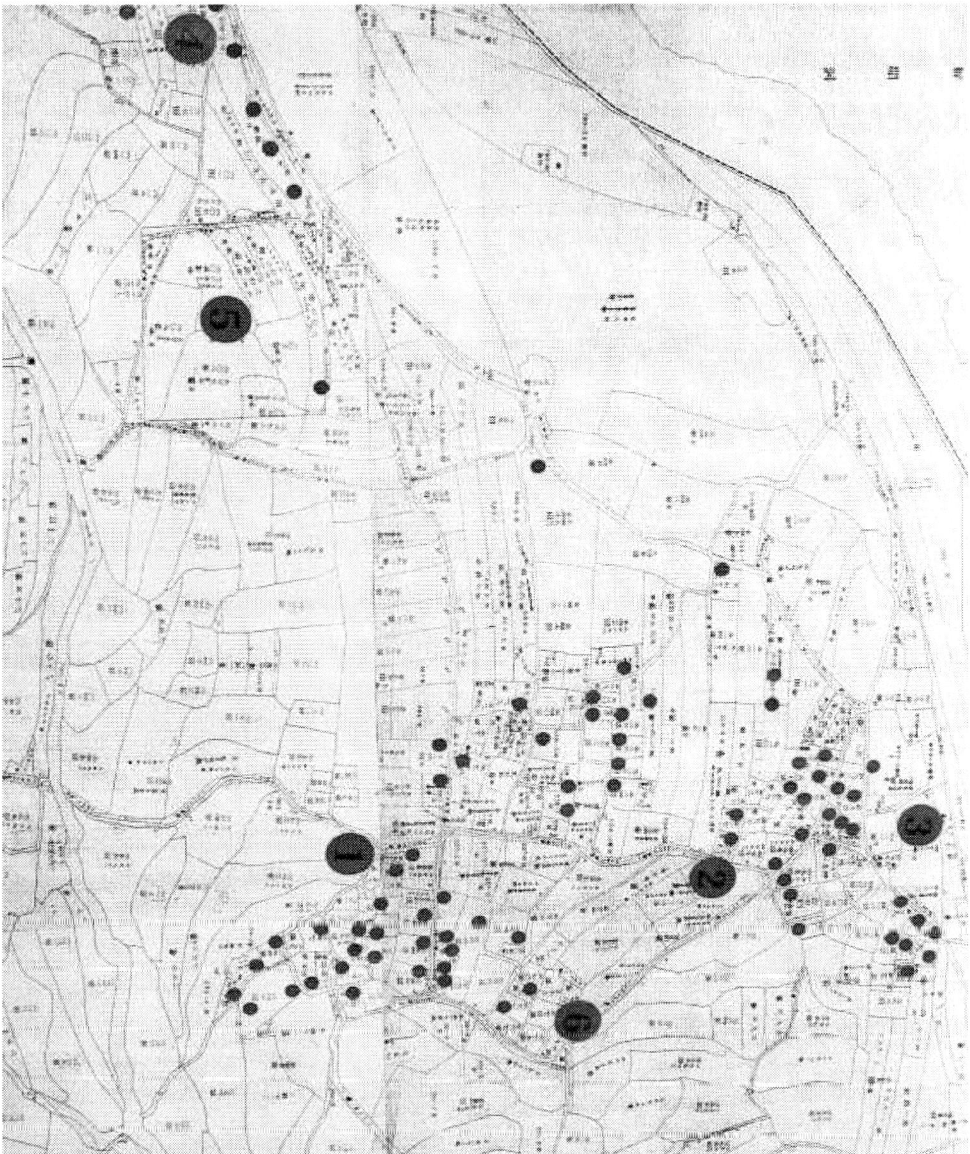

1. 박명한 집 앞 2. 정미소 마당 3. 해나무 보
4. 부욱 한육만 집 뒤 5. 대동초등학교 6. 작가의 집 ● 불탄 집

공비들의 주둔지, 양시골

이 골짜기는 토벌대에 의해 공비 78명이 사살됐다. 지금의
계곡은 명경수로 흐르지만, 1949년 그때는 핏빛으로 물들었으리.

반공혼비

글 : 박기옥

❖ 건립 내력

- 주관 : 반공애국유적부활운동경산군위원회
- 건립 장소 : 대동초등학교 교정
- 준공 : 1961년 9월 24일

❖ 건립 취지

비명에 간 38위의 영령을 위로하고 주민과 학생에게 반공정신 고취

❖ **건립 위원**

- 위원장 : 김찬태(대동초등학교 육성회장)
- 위　원 : 김명달(육성회 부회장) 황영식(와촌면장 역임)
  한칠만(총동창회 회장) 이종길(유림)
- 후　원 : 경산군수 이상호　와촌면장 우진현
  대동초등학교 교장 김경택
- 1997.　반공혼비 제단 및 내력 설치
  주관 : 대동초등학교총동창회

1997. 7. 5

반공희생자위령비

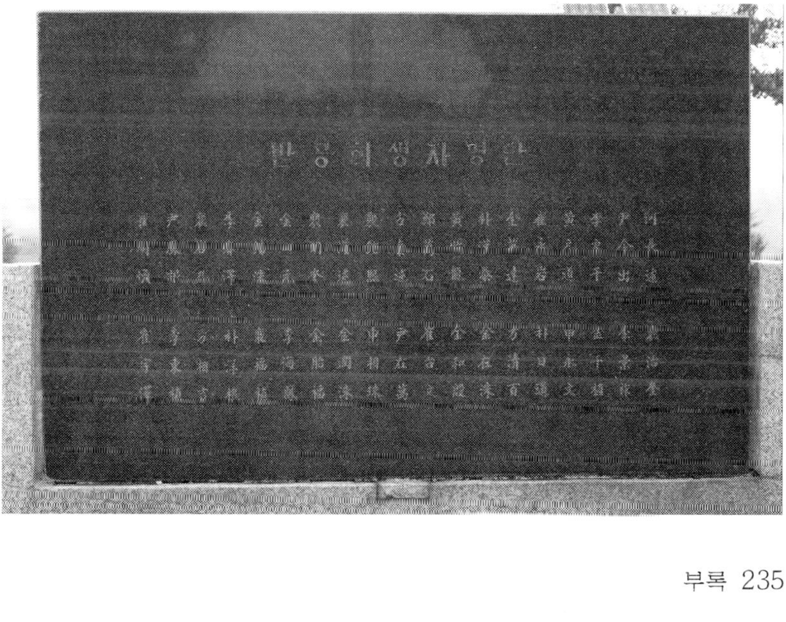

글 : 서지西芝 김윤식

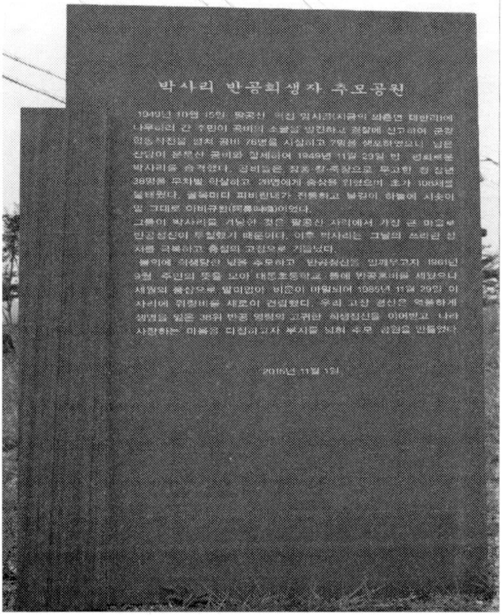

글 : 박기옥

❖ 건립 내력

○ **반공희생자위령비건립추진위원회**

- 위원장 : 정영준
- 부위원장: 김정달 • 총무 : 윤성해
- 위 원 : 신상포 황정만 박기보 최재현
- 고 문 : 하태만 박한도 최천암 김원수 최문환

❖ 건립 취지

대동초등학교 교정에 설치한 반공혼비 마모로 인해 새로이 건립

❖ 추진 과정

1983. 반공희생자위령비건립추진위원회 구성

1983. 부지 물색. 박사리 687-1 460㎡ 적지로 판단
소유주, 경주시 거주 창녕조씨 문중. 양도 수락

1984. 경산시와 매매계약 체결

1984. 건립 장소 타당성 여부, 경산시 농산과 현지답사
절대농지 건립 불가 통보

1984. 계약 해지로 위약금 변상. 건립 포기 여론 확산

1084. 대안 마련을 위한 추진위원회 구수회의

1985. 박사리 687-3 구릉지 답126㎡ 매입. 경산시

1985. 부지협소. 조규춘 소유 박사리 688-8. 임야
95㎡ 편입. 편입조건, 1,5배 상당 면적을 대토. 대토에 차질 초래. 약 이십 년간, 조규춘의 토지 일이 점유

❖ 1985. 11. 29 준공

반공희생자위령비 준공식을 대동초등학교에서 가졌다. 진눈깨비가 휘날리는 차가운 날씨였다. 국회의원 · 경상북도지사 · 반공연맹경북지부장 · 8919부대장 · 경산시장 · 경산경찰서장 · 경산시교육장 · 매일신문사장 · 와촌면장을 비롯한 유족과 주민, 육백여 명이 교정을 가득 메운 가운데 엄숙하게 치렀다.

❖ 박사리반공희생자추모공원 조성

1993. 위령비 확장 필요성 오세하(반공연맹경산시부지부장·경산시의회 부의장) 윤성해(건립위 총무). 박재찬 군수 방문

1994. 박사리 687-1 460㎡ 매입 예산 편성

1994. 계약 체결코자 소유주 방문. 타인에게 이미 소유권 이전

1994. 신규 소유자에게 양도 부탁. 시세 차로 결렬. 예산 반납

1995. 추모제 준비 예산 증액. 경산시의회 박기철 의원 발의

2004. 임의로 점유한 988-8번지 임 95㎡ 매입. 840만원(경산시비 560만, 자부담 280만원) 경산시의회 전석진 의원 주도

2013. 신봉환 와촌면장, 추모공원조성 당위성을 경산시에 건의 박사리 687-1번지 소유자 접촉(경산시)

2015. 유족회장 윤성해 · 박기옥 최영조 경산시장 방문

2015. 박사리 687-1번지 460㎡ 매입(경산시)

2015. 유족 공동소유(윤성해·윤대해·박기보·최재현) 박사리 687-3번지 토지 126㎡, 기부채납

❖ 2015. 11. 29 '박사리반공희생자추모공원' 준공

반공위령비와 추모공원의 준공이 있기까지 정영준 건립 위원장을 비롯하여 여러 사람의 노력이 있었다. 열거한 내용처럼 갖가지 어려움을 겪었다. 서술하지 못한 부분도 있다. 박사리 687-1번지에 소재한 2층 건축물이 위령비를 가리었고, 폐기물이 쌓여 주위가 산만했다. 보는 이마다 안타깝게 여기던 차, 경산 시비·도비 3억5천을 들여 위령비 주위를 정비하고 추모공원을 만들었다. 추모공원 조성을 위해 최영조 경산시장, 송의근 와촌면장, 배한철 경상북도의회 의원, 이천수 경산시의회 의장 및 경산시의회 의원, 김상영 한국자유총연맹경산지회장의 도움이 컸다. 윤성해 유족회장과 마을 사람들의 힘을 모았다.

❖ 비문의 제작 과정

사건의 개요를 만들어 정태돌 와촌면장, 윤성해 유족회 총무가 경산이 배출한 시인 김윤식 선생의 자택을 방문했다. 선생은 취지를 공감하고, 비문 집필을 흔쾌하게 수락했다 그러나 추진하는 과정에 유감스런 일이 발생했다. 선생이 내린 비문 내용을 글쓴이의 동의 없이 무단 첨삭했기 때문이다. 건립에 전혀 관련이 없는 권력자의 이름이 비문에 등재된 것을 확인한 선생은 크게 한탄했다. 행정당국과 건립위원회도 낭혹해 했다.

❖ 추모제

매년 10월 30일 추모제를 지낸다. 부상자와 유족은 하나둘씩 세상을 떠나고 전국에 뿔뿔이 흩어졌지만, 참배객의 발길은 꾸준히 이어진다. 한국자유총연맹경산지회에서 행사를 주관하고 유족회에서 제수를 마련하고 있다. 추모제는 종교의식과 국군의 조총 발사로 외로운 넋을 달랜다.

관공서 자료 요청 및 답변 내용

수신 와촌면장
제목 박사리 사건 자료 요청

1. 면민의 복리 증진에 수고하심에 진심으로 감사드립니다.
2. 1949년 11월 29일 일어난 박사사건을 들춰내어 가칭 '박사리의 목소리'란 제하에 책을 발간코자, 관련 자료를 요청하니 통보해 주시기 바랍니다.

가. 사건의 개요
1) 팔공산 주둔 무장공비들이 박사리를 습격하여 양민을 학살한 사건임.
2) 박사사건 발생일 : 1949년 11월 29일
3) 피해 상황
사망 : 38명, 부상 : 28명, 가옥 소실 : 108동
4) 자료 요청 사유
생존자와 유가족의 생생한 증언과 관련 자료를 토대로 그 당시 참상을 역사에 남기고자 함.

서기 2016년 4월 5일
경산시 와촌면 박사길26길 2
박 기 옥
(수필가, 경산문협회장, 경북신문 시민기자)

인쇄 : 김순화 / 와촌면 (2016-04-01 11:07:39)

"정부3.0, 국민과의 약속"

경산시

와 촌 면

수신 국가기록원장(대전기록관장)
(경유)
제목 경상북도 경산시 와촌면 박사 사건 관련 기록물 요청

1. 귀 기관의 무궁한 발전을 기원합니다.

2. 경상북도 경산시 와촌면 역사 자료로 활용하고자 아래 사건과 관련한 기록물을 요청하오니 협조하여 주시기 바랍니다.

○ 사 건 명 : (추정) 경상북도 경산시 와촌면 박사 사건
○ 발생일자 : 1949. 11. 29.경
○ 발생장소 : 경상북도 경산시 와촌면 박사리
○ 사건내용 : 1949년 후방의 민심을 교란하는 게릴라전을 펼 목적으로 무장공비들이 박사리를 습격, 무고한 청장년 38명을 죽이고 28명에게 중상을 입혔으며, 가옥 108채를 불태움.

붙임 : 박사리 반공희생자 위령비문 1부. 끝.

와 촌 면 장

주무관 김순화 부면장 배광곤 면장 2016. 3. 22. 송하근

협조자

시행 와촌면-4270 접수

우 38412 경상북도 경산시 와촌면 ... 418, 와촌면사무소 / http://www.gbgs.go.kr/

전화번호 053-804-7474 팩스번호 053-810-6672 / 비공개

"정부의 기와와 공유로 발자리는 늘고 불필은 편리해집니다."

인쇄 : 김순화 / 와촌면 (2016-04-01 11:07:25)

국민행복 대한민국, 정부3.0

국 가 기 록 원

수신 와촌면장
(경유)
제목 경상북도 경산시 와촌면 박사 사건 관련 기록물 요청에 대한 회신

1. 와촌면-4270(2015. 3. 22.)호 관련입니다.
2. 아래와 같이 기록물 조회 결과를 송부하오니, 업무에 참고하시기 바랍니다.

사건명	생산년도	조회 결과
경상북도 경산시 와촌면 박사사건	1949. 11. 29경	해당기록 확인 안 됨

끝.

국 가 기 록 원 장

주무관 김민성 주무관 김진영

협조자

시행 공개서비스과-4803 (2016. 3. 29.) 접수 와촌면-4836 (2016. 3. 29.)

/ http://www.moi.go.kr

전화번호 062-975-5791 팩스번호 062-975-5799 / kjs9749@moi.go.kr / 비공개

국민이 주인이 되는 정부, 정부3.0이 만들어갑니다

수신 육군 50사단장
제목 '박사 사건' 자료 요청

1. 도민의 치안행정에 수고하심에 진심으로 감사드립니다.
2. 1949년 11월 29일 경산시 와촌면 박사리에서 발생한 '박사사건'의 진상을 조사하여 가칭 '박사리의 목소리'란 제목으로 책을 발간하고자합니다. 묻힌 사실을 재조명하여 역사에 남기고자 하니, 관련 자료를 통보해 주시면 감사하겠습니다.

가. 사건의 개요
  가. 팔공산 주둔 무장공비들이 박사리를 습격하여 양민을 학살한 사건임
  나. 박사사건 발생일 : 1949년 11월 29일
  다. 피해 상황
    사망 : 38명, 부상 28명, 가옥 소실 : 108동
  라. 자료 요청 내용
    1) 세부적인 사건의 개요
    2) 관련 사진 및 기타 자료

생존자와 유족의 증언과 관련 자료를 토대로 그 당시 참상을 기록코자 함.

서기 2016년 6월 7일
경산시 와촌면 박사길 6길 27-1
전화 010-3810-6834
메일 pko0305@hanmail.net

박기옥
(한국문인협회경산지부 지부장, 수필가, 경산신문 시민기자)

수신 경북지방경찰청장, 경산서장
제목 '박사 사건' 자료 요청

1. 도민의 치안행정에 수고하심에 진심으로 감사드립니다.
2. 1949년 11월 29일 경산시 와촌면 박사리에서 발생한 '박사사건'의 진상을 조사하여 가칭 '박사리의 목소리'란 제목으로 책을 발간하고자합니다. 묻힌 사실을 재조명하여 역사에 남기고자 하니, 관련 자료를 통보해 주시면 감사하겠습니다.

가. 사건의 개요
  가. 팔공산 주둔 무장공비들이 박사리를 습격하여 양민을 학살한 사건임
  나. 박사사건 발생일 : 1949년 11월 29일
  다. 피해 상황
    사망 : 38명, 부상 28명, 가옥 소실 : 106동
  라. 자료 요청 내용
    1) 세부적인 사건의 개요
    2) 관련 사진 및 기타 자료

생존자와 유족의 증언과 관련 자료를 토대로 그 당시 참상을 기록코자 함.

서기 2016년 6월 7일
경산시 와촌면 박사길 6길 27-1
전화 010-3810-6834
메일 pko0305@hanmail.net

박기옥
(한국문인협회경산지부 지부장, 수필가, 경산신문 시민기자)

인쇄 : 정재엽 / 보안과 (2016-06-15 16:54:43)

국민에게 책임을 다하는 희망의 새 경찰

경상북도지방경찰청

수신 박기옥 귀하 (우38402 경상북도 경산시 와촌면 박사길6길 27-1)
(경유)
제목 민원신청(박사사건)에 대한 결과 회신

1. 관련근거
  경북청 민원접수 2016-1033(16.06.07) '박사 사건' 관련 자료 요청

2. 위와 관련, 귀하께서 요청한 1949년 11월 29일 경산시 와촌면 박사리에서 발생한 '박사시건' 관련 자료에 대하여 아래와 같이 회신합니다.

  가. 민원인 : 박기옥(한국문인협회경산지부 지부장)

  나. 자료요청 내용
    1). 세부적인 사건의 개요
    2). 관련 사진 및 기타 자료

  다. 자료 파악 결과
    위 자료요청 내용에 대하여 확인한바 관련 자료 발견치 못함. 끝.

경상북도지방경찰청장

경위 정재엽 경정 유병추 보안과장 2016. 6. 15. 김춘찬
협조자
시행 보안과-2657 (2016. 6. 15.) 접수
우 41542 대구광역시 북구 연암로 40, 경북지방경찰청 / http://www.gbpolice.go.kr
전화번호 053-4292291, 통정)-2291 팩스번호 053-2190 / kbp2000@police.go.kr / 비공개(6)
청렴한 당신은 대한민국 경찰입니다
문서관리카드 보안과-2657 1/1

인쇄 : 정미나 / 정무과 (2016-06-24 15:48:43)

국민에게 책임을 다하는 희망의 새 경찰

경 산 경 찰 서

수신 박기옥 귀하 (우38402 경상북도 경산시 와촌면 박사길6길 27-1)
(경유)
제목 정보공개(박사시건)에 대한 결과 회신

1. 관련근거
  2016. 5. 20. 정보공개요청(접수번호 3516090)

2. 위 관련, 귀하께서 요청한 1949. 11. 29. 경산시 와촌면 박사리에서 발생한 '박사사건' 관련 자료에 대하여 아래와 같이 회신합니다.

  가. 민원인 : 박기옥(한국문인협회경산지부 지부장)

  나. 내용 : '박사사건' 관련 자료 정보공개

  다. 결과 : 청구인이 요청한 자료 확인한바 자료 발견치 못함. 끝.

경 산 경 찰 서 장

경사 정미나 경위 전오식 경정 전결 2016. 6. 24. 곽근수
협조자
시행 정무과-4155 접수
우 38637 경상북도 경산시 원효로 68 (계양동, 경산경찰서) / http://www.gbpolice.go.kr/gs/
전화번호 053-770-0747 팩스번호 053-770-0715 / cnnv25@police.go.kr / 대국민 공개
청렴한 당신은 대한민국 경찰입니다

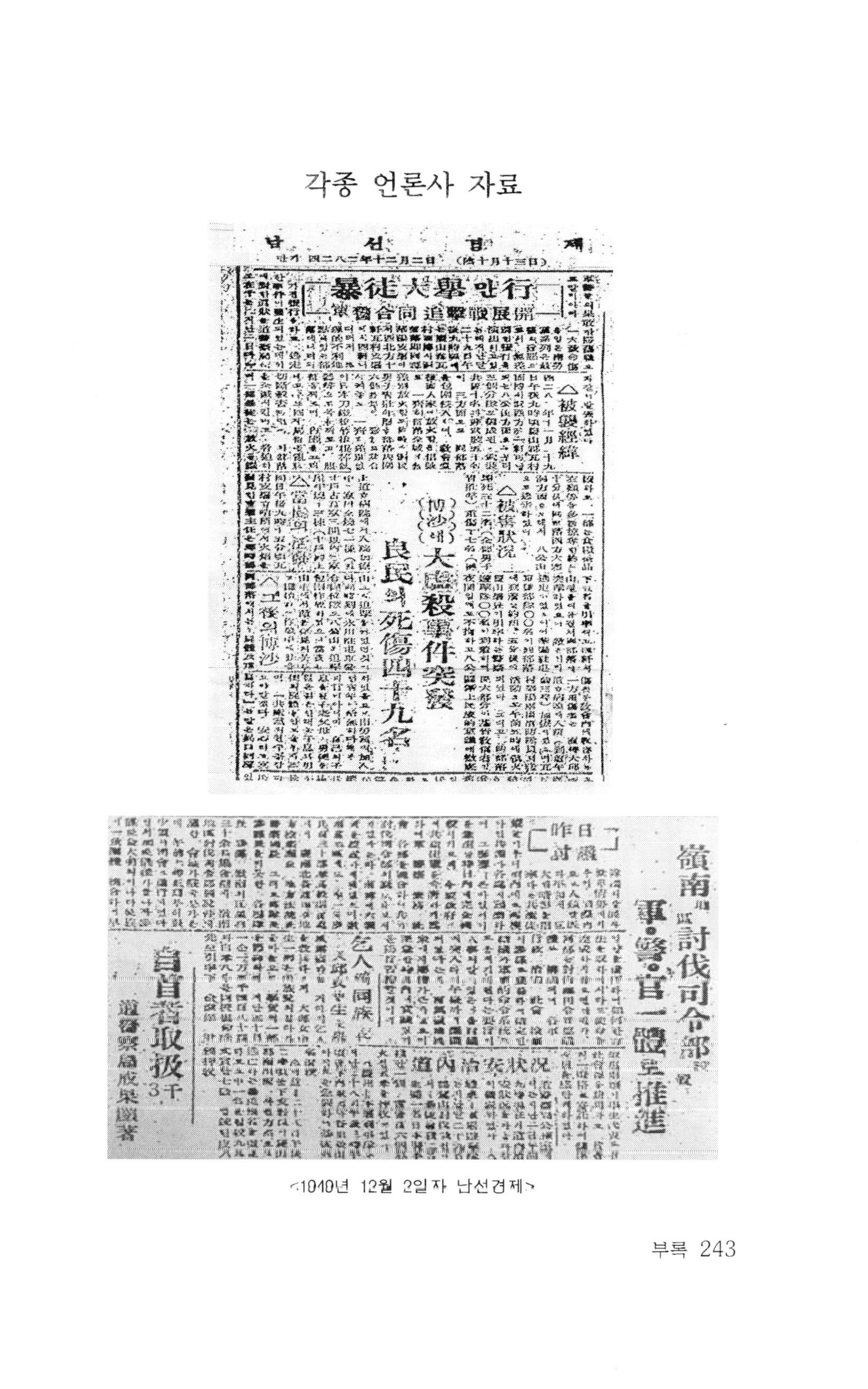

각종 언론사 자료

남선경제

단기 四二八二年十二月二日 (陰十月十三日)

暴徒大擧만行

警察合同追擊戰展開

△被襲經緯

△被害狀況

博沙에 大虐殺事件突發

良民의 死傷四十九名

△當局의 措置

△그後의 博沙

嶺南地區討伐司令部設

軍·警·官一體로推進

昨日討伐

道內治安狀況

乞人 同族

自首者取扱

<1949년 12월 2일자 남선경제>

虐殺악몽씻고 富村으로

6·25 34돌맞은 「反共마을」… 慶山군博沙동

共匪들 申告보복 동네습격

38명死亡 百여호 불바다

反共塔碑 세우고 주민의식 일깨워

戶當소득 年間 4백만원

<1984년 6월 26일자 매일신문>

共匪만행에 희생된 넋 달래

慶山 瓦村면博沙동 「反共희생위령비」건립

36년전 38명 무차별학살

戰後세대의 반공 교육장으로

마을주민들이 추진 앞장

<1985년 12월 1일자 매일신문>

2000년 6월 7일 수요일 13

증언 6·25

"빨치산이 일본도 내리쳐 어깨함몰·손목절단 고통"

49년 경산 박사리학살 유일생존 배재기씨

한국전쟁 직전 무장공비의 만행으로 온 마을이 학살피해자가 되었던 경북 경산시 와촌면 박사리. 배재기씨(66·사진)는 당시의 사건현장을 지켜봤던 유일한 생존자이자 피해자다. 배씨는 38명이 살해되고 28명이 중상을 입은 참혹한 살육의 현장에서 빨치산이 내리친 일본도에 어깨가 함몰되고 손목이 잘려나가 50여년간 고통스런 삶을 살아왔다.

－당시 상황은.

"1949년 11월29일 밤 9시쯤 갑자기 무장공비들이 마을에 들이닥쳐 남자들을 모조리 끌어내 칼로 찌르고 총을 쏘아댔다. 일부는 각 집을 돌며 경찰을 사칭한 뒤 '빨갱이들에게 양식을 준 적이 있느냐'고 묻고는 '없다'고 하면 끌어내 죽이기도 했다. 이같은 학살은 마을 4~5곳에서 동시에 자행됐으며 숨이 채 끊어지지 않은 사람은 돌로 내리쳐 죽이기도 했다. 당시 150여 가구중 100여 가구가 불탔다"

"평생을 불구자로 그늘진 삶
아지트신고 오해 보복테러
주민들 38명살해·28명중상
정부에서 보상이면 단단해"

－무장공비들이 무고한 양민을 학살한 이유는.

"당시 지리산과 운문산, 팔공산 등에는 빨치산이 많았다. 그해 11월5일 인근 마을의 주민이 마을 뒤 팔공산에 나무하러 갔다가 공비들의 아지트를 발견, 경찰에 신고해 78명이 사살되고 7명이 생포됐다. 우리 마을 사람이 신고한 것으로 오해하고 보복하기 위해 들이닥친 것이다"

－어떻게 상처를 입게 되었는가.

"나는 다른 집에 가 있다가 공비들과 맞닥뜨렸다. 그들이 몇살이냐고 묻기에 15살이라고 대답했더니 끌어내 밀고자를 대라며 일본도로 어깨를 수차례 내리쳤다"

－요즘 사람들은 당시 참상을 아는가.

"관계기관 등에 수차례 진정한 끝에 85년 시로부터 예산지원을 받고 주민들이 조금씩 돈을 내 '반공희생자 위령비'를 세웠다. 그 때부터 해마다 11월30일이면 면단위의 합동위령제를 별도로 지내고 있다"

－정부측에서 보상은 없었는가.

"나를 비롯해 모든 부상자가 후유증으로 고통스러워 했지만 정부는 거들떠보지도 않았다. 사건 당시 학살 현장에서 도망친 주민이 지서에 신고, 경찰이 마을 부근까지 출동했으나 군내가 올 때까지 숨어 있었다. 10여년 전쯤 후유증 때문에 하도 고통스러워 변호사에게 보상받을 수 있는지 물었더니 오래전의 일이라 힘들다는 말을 듣고는 포기했다"

－정부에 바람이 있는가.

"빨치산은 물론 정부도 원망스러웠다. 지난해부터 미군과 국군에 의한 학살 이야기가 자주 나오던데 우리는 빨치산에 당한 것이어서 어디 가서 하소연도 못한다". 경산 / 최슬기기자 skchoi@kyunghyang.com

<2000년 6월 7일자 경향신문>

"편히 잠드소서"

제29회 자유민주수호 희생자 합동위령제가 지난 10월 30일 와촌면 박사리 반공위령비에서 경건하고 엄숙한 분위기 속에서 치러졌다.

이번 합동위령제는 자유민주주의 체제 수호를 위해 공산주의에 항거하다 희생된 민간인 호국영령들을 추도하고 유가족을 위로하는 한편, 지역민들에게 안보의식을 일깨우기 위해 마련한 자리. 한국자유총연맹 경산시지회(지회장 이명주)가 주관했으며 허개열 경산시의회 부의장, 김상근 경산경찰서장, 유가족 등 150여 명이 참석했다.

이민철 기자

〈2009년 11월 9일자〉

'박사리자유수호희생자 합동위령제'

한국자유총연맹경산지부(지부장 이명주)는 지난 29일 와촌면 박사리 반공위령비 일대에서 자유수호 희생자 합동위령제를 개최했다. 이태암 부시장, 김상근 경산경찰서장, 시의원, 자유총연맹 회원 등 200여명이 참석한 가운데 추념사, 종교의식, 유족대표 헌시, 추모시 낭독, 헌화 등을 통해 엄숙하게 희생된 호국영령을 위로했다.

한편, 와촌면 박사리 반공위령비는 지난 1949년 무장공비로 인해 학살당한 민간인 38명을 추모하기 위해 1985년 11월 유족 및 관계 기관의 도움으로 건립됐으며, 최근 울진·삼척 무장공비 침투사건 발생일인 10월 30일에 매년 위령제를 개최하고 있다.

〈2010년 11월 8일자〉

박사리 반공혼비에 새겨진 38명의 이름

해방을 맞기는 하였으나 지리산을 본부로, 좌익의 빨치산은 남쪽지방 요소요소에 아지트를 구축하고 있었다. 이 세력들이 남한체제를 무너뜨리려고 경상도와 전라도 일원에서 빈번한 약탈과 선동으로 양민을 괴롭히고 있었다.

우리 동네의 참혹한 사건의 발단은 팔공산 양지 골짜기에서 활동하던 좌익 세력의 근거지가 나무꾼에게 발견되면서다. 동강리 살던 나무꾼은 보복이 두려워 얼떨결에 박사리에 산다고 거짓 대답을 하였다. 신고를 받은 당국은 군경 합동으로 좌익 소탕 작전을 펼쳐 78명을 사살하고 7명을 생포하는 전과를 올렸다. 그러나 잔당들을 완전히 섬멸하기는 어려웠다. 아니나 다를까 그 무리는 청도 운문산 주둔 세력과 합세하여 우리 마을을 습격했다.

문종이가 군데군데 뚫린 문구멍 사이로 호롱불이 흔들리고, 문밖에 수상한 그림자가 두세 겹 사랑방을 에워쌌다. "반동 간나새끼들 꼼짝하면 죽인다! 중요한 연설을 할 것이니 모두 논 마당으로 나와랏!" 그들은 청장년을 모두 엎드려뻗쳐 시키고 "반동새끼들 신고의 대가가 어떤 것인지 보여 주겠다" 라고 윽박지르면서 일차로 몽둥이로 때리고, 2차로 칼과 죽창으로 옆구리를 찔렀다. 도망자가 있으면 장총으로 갈겨 대었다. 그날 하룻저녁에 38명이 사망하고 28명이 중경상을 입었으며 가옥 108채가 불에 타 없어졌다. 피비린내가 진동하고 도랑에는 핏물이 범벅되어 흘렀다. 부상자의 신음 소리, 여보, 아버지, 형님 부르며 통곡하는 소리, 우지직우지직 초가집 불타는 소리, 소 돼지 우는소리, 이에 덩달아 개 짖는 소리, 닭이 홰치는 소리, 아비규환이었다.

당숙은 몽둥이로 맞고 죽창에 찔렸다. 피가 전신에 흥건히 젖어도, 죽은 듯 엎드려 있었다고 하였다. 동리를 초토화한 공비들이 물러나고 정신을 수습하니 오른쪽 옆구리로 찌른 칼끝이 왼쪽 배로 관통하여 감싸 안은 왼손까지 상처를 입었더라고 했다. 다른 부상자들은 어떠하였는가. 어떤 이는 뒷목을 칼에 맞은 채 도망을 쳐 목숨은 건졌으나 머리가 기운 채 한평생을 고생하였고, 어떤 이는 담을 넘어 도망치면서 공비들이 휘두르는 칼을 막다 오른 팔목을 잃어버렸다.

크고 작은 부상으로 죽을 때까지 고생한 분들의 고통은 이루 헤아릴 수 없다. 그 사건으로 30여명의 부녀자가 청상이 되어 몇 명을 제외하고는 모두가 수절하였다. 그녀들의 삶은 어떠하였는가. 인고의 세월을 어린 자식들 바라보면서 베느질, 다듬이질, 길쌈에 매달려 원과 한을 안으로 삭였으니 내장은 남아도 성했으리라.

불행 중 다행으로 아버지는 나 때문에 살았다고 하였다. 아버지도 그날 사랑방에 놀러 가셨는데 일찍 집에 오셨더란다. "이녁 와 그래 일찍 왔십니꺼?" "얼라가 감기 기운이 있어 걱정시러버서 왔다" 줄줄이 딸만 생산하시다 아들을 봤으니 어쭙잖은 고뿔에도 걱정이 많이 되셨던 모양이다. "니가 너거 아부지 살렸다" 라는 어머니 말씀을 들을 때마다 괜히 어깨가 으쓱 올라가는 기분도 더러는 들었다.

우리 동리 청장년들은 애초부터 좌익 우익 같은 것은 몰랐다. 부르주아니 마르크스 레닌주의니 등은 더더욱 몰랐다. 그저 선량한 촌부일 뿐이었다. 귀중한 생명을 이렇게도 잔혹하게 살상할 수 있을까. 그러나 이 시대를 살고 있는 우리들의 국가관은 어떠한가. 대북 지원에 비판적인 견해를 진보의 잣대로 비난하는 것은 곤란하다. 적어도 그 시대로 한 번쯤은 거슬러 올라가 오늘을 조명해 보는 냉철함도 필요치 않을까?

박기옥 시민기자

〈경산신문 2011. 6. 20〉

박사리 반공희생자 위령제 열려

박사리 반공희생자 위령제가 지난달 27일 거행됐다. 경산시 자유총연맹 경산시지회(지회장 이명주)가 주관한 추모제에는 이태암 권한대행 부시장을 비롯하여 민·관·군, 유족을 포함한 150여명이 참석한 가운데 엄숙하게 진행되었다. 이날 위령제에서는 무고하게 희생된 영령들의 명복을 빌고 유족을 위로하며 애국을 다짐했다.

박사 사건은 1949년 11월 29일 저녁, 자유 체제를 붕괴시키기 위하여 팔공산 골짜기에 진지를 구축한 무장 공비들이 양민을 학살한 사건이다. 이 사건으로 박사리 청장년 38명이 사망하고 가옥 108채가 소실됐다.

박기옥 시민기자

〈경산신문 2011. 10. 31〉

'박사사건' 희생자 위령제

와촌면 '박사사건' 위령제가 지난달 30일 박사리 소재 위령탑에서 거행됐다.

자유총연맹경산시지부(지회장 한태덕)가 주관한 위령제는 최병국 부시장을 비롯하며 관내 각 기관장·유족·초등학생 등, 180여명이 참석한 가운데 경건하게 치러졌다.

이날 윤성해(사진) 유족대표는 현사를 통해 "지난날의 참상을 거울삼아 다시는 통탄한 일이 없어야 할 것"이라고 말했다. 윤 대표는 "억울하게 사망한 당사자와 유족에게 국가는 아무런 보상이 없다"며, "유족회가 고인들의 명예 회복을 위하여 여러 차례에 걸쳐 관계 당국에 청원서를 냈으나 묵묵부답"이라고 안타까워했다.

한편, 박사사건은 6·25 전쟁이 터지기 전인 1949년 11월 29일 일어난 사건으로, 당시 북한군은 남쪽의 후방을 교란할 목적으로 요소마다 진지를 구축하고 있었다. 팔공산에 주둔하던 무장 공비를 나무꾼이 발견하고 경찰에 신고하여 군경합동 작전을 펴, 그들을 섬멸했다. 그러나 살아남은 북한군이 보복성 공격을 가해 무고한 38명의 청·장년을 무참히 살해했으며, 28명이 부상, 108채의 가옥이 불탔다.

박기옥 시민기자

〈경산신문 2012. 11. 5〉

박사사건 희생자 위령제 거행

'38위의 혼백을 달래는 술잔'

박사사건에 희생된 38위의 혼백을 달래는 위령제가 지난달 31일 와촌면 박사리 반공혼탑에서 치러졌다.

한국자유총연맹 경산시지회(회장 한태락)가 주관한 제33회 위령제는 최영조 시장을 비롯해 각 기관장, 주민, 학생 250여명이 참여한 가운데 엄숙하게 진행됐다.

이날 윤성해 유족대표는 현사를 통해 희생당한 영령들의 명복을 빌고 나라 사랑하는 마음을 다졌다. 윤 대표는 "추모제를 지내는 것도 당연한 일이지만, 숱한 아픔을 겪고 있는 유족들의 마음을 달래는 제도적 장치를 만들어달라"고 관계 당국에 요청했다.

박사사건은 1949년 10월, 무장공비에 의해 38명이 죽고 28명 부상, 가옥 108채가 불탄 사건이다.

부상자는 대부분 세상을 떠나고 한쪽 팔을 잃은 배재기 씨가 유일한 생존자다. 그때 당한 후유증으로 평생을 고생하다 지금은 병상에서 신음하고 있다.

박기옥 시민기자

〈경산신문 2013. 11. 4〉

"박사리 반공비 주변 공원화해야"

유족회, 입구 폐건물 매입해 역사공원 조성 요구

윤성해 유족회장(사진 오른쪽에서 네 번째)이 박사리 역사공원 조성 필요성을 설명하고 있다

유족들이 매입을 요구하고 있는 건물과 토지.

와촌면 박사리 반공위령비 주변을 역사공원으로 조성해야 한다는 목소리가 높아지고 있다.

한국자유총연맹 경산시지회(회장 김상영)는 지난 4일 박사리 반공위령비에서 제34회 자유수호 희생자 합동위령제를 거행하고 평화통일을 염원했다.

이날 윤성해 유족회장은 "지난 63년 9월 대동초등학교 교정에 세워진 반공위령비가 세월이 지나 비문이 마모돼 현재 위령비 입구 농지를 매입해 옮기려 했으나, 당시 경산군에서 농지에는 위령비 건립이 불가능하다는 답변을 보내와 85년 11월 박사리 687-3번지 가마골 전에 위치로 옮기게 됐다"며 "지난 지방선거 때에도 후보자들이 유족들의 역사공원 조성 건의를 흔쾌히 받아들이겠다고 약속한 만큼 이번에는 꼭 위령비 앞 건물을 매입해 주기를 바란다"고 말했다. 윤 회장은 "시가 위령비 앞 건물을 매입해 역사공원을 조성해주면 유족회 명의로 돼 있는 현재 위령비 부지와 제단을 경산시에 기부채납하겠다"고 밝혔다.

송의근 와촌면장은 "유족들이 매입을 건의한 토지 및 건물은 박사리 687-1번지 상가로 약 140여평 정도 된다"며 "주변에 구거 등 국공유지가 있어 후손들이 합동위령제를 거행하고 평화통일과 자유수호 의지를 다지는데 큰 불편이 없을 것 같다"고 말했다.

이날 합동위령제에는 김학홍 부시장과 이천수 의장 및 시의원, 배한철 도의원, 이상현 경찰서장과 이강국 경산대대장 등 내빈과 경산지역 보훈단체장 등이 참석해 고인들의 넋을 기렸다.

와촌면 박사리 사건은 지난 49년 10월 15일 동강리에 사는 도달권이 팔공산 양사골에 나무를 하러 가서 무장공비에게 붙잡혀 '박사동에 산다, 내려가면 절대 신고를 하지 않겠다'고 약속하고는 동아와 경찰에 신고, 국경토벌대가 이튿날 습격해 공비 30명을 사살하고 생포하는 전과를 올렸다. 이에 11월 29일 밤, 보복에 나선 무장공비들이 박사리 주민 38명을 살해하고 28명에게 중상을 입혔으며, 가옥 108동을 불태우고 재물을 약탈해 간 사건이다.

한편, 도내에는 박사리 반공희생자위령비를 비롯해 군위시 부군 뒤수동에 반공순국청년동비위령비, 송라면 지경리에 지경리반공위령비, 김천시 지상동에 반공호국영령추모비, 청송읍 월외리에 반공위령탑이 세워져 있다.

최승호 기자

〈경산신문 1091호 2014. 11. 10〉

올해 새로 준공된 박사리 추모공원.

박사리 반공 희생자 위령제 거행

추모공원 준공식도 겸해

한국자유총연맹경산시지회(지회장 김상영)는 지난 1일 와촌면 박사리 반공위령비에서 제35회 자유수호 희생자 합동위령제를 거행했다.

이 자리에는 최영조 시장과 이천수 의장 및 시의원, 기관단체장, 유족회 회원 등 250여 명이 참석해 고인의 넋을 추모했다. 이날 행사에는 반박사유족연맹 여수지회(지회장 전영탁) 회원 40명이 방문해 참배했다.

박사 사건은 6·25전쟁이 발발하기 전인 1949년 11월 29일, 후방의 민심을 교란하는 게릴라전을 펼 목적으로 무장공비들이 박사리를 습격, 무고한 청·장년 38명을 죽이고 28명에게 중상을 입혔으며, 가옥 108채를 불태운 참혹한 사건이다.

윤성해 유족회장은 현사를 통해 "전국에 크고 작은 사건에 국가가 보상하지만, 박사리 희생자에게는 아무런 조치가 없어 안타깝다"고 했다. 이어서 "시리산 중산리에 '빨치산 토벌 기념관'을 세워 반공정신을 일깨우듯, 무장공비가 주둔한 '와촌면 대한리 안시골'에 안내물을 설치하여 박사리와 더불어 애국의 현장으로 삼았으면 좋겠다"고 말했다.

한편, 이날 '박사리 반공희생자 추모공원' 준공식도 함께 열렸다. 경산시는 올해 3억 5000만원(도비 1억원, 시비 2억 5000만원)의 예산을 들여 위령탑 인근 부지를 매입, 1210㎡(약 400평) 규모의 추모공원을 조성했다.

공원 내부는 방문객의 편의를 위해 주차장 시설을 갖추었고, 밤에도 돌아볼 수 있도록 내부에 조명등이 설치됐다.

박기옥 시민기자

〈경산신문 2015. 11. 9〉

◎「자료 출처 및 제공」

- 관공서 : 국가기록원 · 경산시청 · 와촌면사무소 · 경상북도지방 경찰청 · 경산경찰서 · 대동초등학교

- 언론사 : 남선경제(구, 매일신문 1949.12.1) · 매일신문(1984.6.28. 1985.12.1) 경향신문(2000.6.7) · 경산신문 · 경산시지(1997)

- 일반 단체 : 박사교회 · 박사제일교회 · 희생자·유족회장 윤성해 외 100여 명

박사리의 핏빛 목소리

초판발행 2016년 10월 15일
재판발행 2020년 11월 11일

지은이 박 기 옥
펴낸이 김 창 석
펴낸곳 홍익출판사
편 집 김언경, 서웅교

주소 / 대구시 중구 명륜로23길 38-4
전화 / 053) 421-6700, 427-3627
팩스 / 053) 423-5965
등록번호 / 1987년 11월 26일 제1-107호
E-mail / hongick88@hanmail.net

정가 12,000원

ISBN 978-89-7826-277-4 03810

• 잘못 만들어진 책은 교환해 드립니다.

이 도서의 국립중앙도서관 출판시도서목록(CIP)은 서지정보유통지원시스템 홈페이지(http://seoji.nl.go.kr)와 국가자료공동목록시스템(http://www.nl.go.kr/kolisnet)에서 이용하실 수 있습니다. (CIP제어번호 : CIP2016023892)